• 浙江大学龚浩然维果茨基研究出版基金资助

U0611182

托起

明天的太阳

——4~16岁儿童少年家庭教育问题及对策

◎黄秀兰
◎徐谷根 ‖ 著
◎陈 波

SPM
南方出版传媒

全国优秀出版社
全国百佳图书出版单位

广东教育出版社

图书在版编目（CIP）数据

托起明天的太阳：4~16岁儿童少年家庭教育问题及对策 / 黄秀兰，徐谷根，陈波著. —广州：广东教育出版社，2020.3
ISBN 978-7-5548-3142-7

Ⅰ. ①托… Ⅱ. ①黄… ②徐… ③陈… Ⅲ. ①儿童教育—家庭教育 ②青少年教育—家庭教育 Ⅳ. ①G782

中国版本图书馆CIP数据核字（2019）第261041号

策划编辑：邓祥俊
责任编辑：梁　熠
技术编辑：黄　康
装帧设计：何　维

TUOQI MINGTIAN DE TAIYANG
托起明天的太阳
——4~16岁儿童少年家庭教育问题及对策

广 东 教 育 出 版 社 出 版 发 行
（广州市环市东路472号12-15楼）
邮政编码：510075
网址：http://www.gjs.cn
广东鹏腾宇文化创新有限公司印刷
（珠海市高新区科技九路88号10栋）
890毫米×1240毫米　32开本　6.375印张　120 000字
2020年3月第1版　2020年3月第1次印刷
ISBN 978-7-5548-3142-7
定价：32.00元

质量监督电话：020-87613102　邮箱：gjs-quality@nfcb.com.cn
购书咨询电话：020-87615809

编辑的话

20世纪90年代中期，我到杭州组稿，认识了龚浩然先生和黄秀兰老师夫妇俩，有幸成为两位老师合著的《班集体建设与学生个性发展》的责任编辑。

龚先生是我国维果茨基研究的首席专家，尤其对维果茨基教育学、心理学的研究情有独钟，非常深入。他们在《班集体建设与学生个性发展》这本书里，介绍了维果茨基的高级心理机能的社会起源理论、教学与发展的理论、活动理论、教育主体性理论、个性形成理论、最近发展区等理论，以及他们将维果茨基的这些理论运用于他们所开展的"班集体建设与学校教育整体优化""教育与学生的个性发展"等课题的研究与实践所取得的成果。研究课题在浙江省中小学校大面积实验，影响颇大。

我因出版认识了两位长者，还有幸成了他们的忘年交。他们把我领进了全国维果茨基研究会大家庭。在那里我认识了车文博、燕国才、高文等一批心理学大家，与他们合作出版了《心理治疗手册》以及"素质教育论丛书""国际视野下的研究性学习丛书"等一批教育学、心理学著作。在那里我还认识了王光荣、郭本禹等一批中青年学者，和他们成为朋友，还与郭本禹老师合作出版了"心理学大师传记丛书"。

我在与龚先生和黄老师的交往中，常为他们的人格魅力所感动。他们像关心自己的孩子一样关心与他们交往的每一个年轻人，帮助他们成长。他们能把家里的保姆当成自家孩子一样相待，培养并帮助她读大学乃至出国留学。

龚先生和黄老师从浙江大学退休之后，仍然辛勤研究和传播维果茨基的教育学心理学理论，组织并推动《维果茨基全集》（共9卷300万字）在我国翻译出版。为此，他们付出了大量的金钱、时间和精力。

黄秀兰老师今年90岁，依然心系祖国的教育事业、心系儿童少年的健康成长。黄老师做了一辈子的老师，拿了一辈子的笔头，90高龄依然笔耕不辍，近几年仍然坚持每年出一本书，让人佩服！黄老师不为名，更不为利，只为将她毕生的研究成果应用于教育，引导儿童少年，帮助儿童少年健康成长。黄老师的境界常让为名利奔忙的我们惭愧不已。

十年前，我就想请黄老师写一本隔代教育的书，书名都想好了，就叫"孙子兵法"。《孙子兵法》没有写成，却写成了这本《托起明天的太阳》。黄老师不仅关注和研究儿童少年的教育问题，也研究针对这些问题的对策。黄老师的这本《托起明天的太阳》正是从生理、心理和教育三个维度揭示儿童少年成长过程中常见的棘手问题，从理论和实践分析问题的成因，并探讨避免和干预的策略。

为更好地完成这本书，黄老师邀请了徐谷根和陈波两位医学专家共同参与本书的写作。两位医学专家从生理和医学的角度，提供了许多临床案例，给出干预策略，丰富了这本书的理论和实践，因而让这本书超越了纯粹的理论说教，更有针对性和可操作性。

这是一本接地气的家教书，是一位老教育家心系教育、心系儿童少年健康成长的最新奉献！

黄老师让我为她的这本书写个序，我是没有这个资格为这样一个大家写序的。但是，作为黄老师二十年的忘年交，我也想借此机会表达我对黄老师的崇敬之情。能参与本书的编辑，作为本书的第一读者，我再次深受教育，再次为黄老师的无私精神所感动！

广东教育出版社首席编辑　邓祥俊

2018年12月

自序

　　广东生命科学健康研究院院长付承彬博士给了我一个平台，让我到他的门诊部进行心理咨询，为此我接触到了不少当前大家容易感到困惑的心理问题。通过了解情况，思考应对，我也受益良多。很多家长希望我能把这些问题写出来，因此，我考虑再三，决定写这本小册子。或许这本小册子能在孩子的家长进行教育决策时提供参考。

　　俗语云："一个篱笆三个桩，一个好汉三个帮。"我不仅不是好汉，而且早已到了"老卖年糕"（老迈年高）的89岁高龄，虽然一辈子都在研究心理学，但知识毕竟老化了。好在得到广东省第二人民医院内分泌科主任徐谷根教授和主任医师陈波的帮助，他俩在治疗矮小儿童和过度肥胖儿童方面有着丰富的临床经验，替我修改并重写了有关部分。龚峻梅博士对家庭教育很有心得，李娜硕士对网络的研究颇为精深，她们撰写了有关网络和教育的部分章节。还有广东教育出版社编审邓祥俊先生，我们有20多年的友谊，我的多部著作都是在他的帮助和鼓励下出版的，他对我的情况十分了解，感谢他为此书写

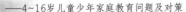

了序。

　　这本小册子包括以下内容：（1）孩子逆反期遇到家长更年期的尴尬；（2）怎样走出"不让孩子输在起跑线上"所产生的误区；（3）必须和同龄人一起成长；（4）矮小儿童、过度肥胖儿童、网瘾儿童的心理和教育；（5）家庭教育的一些建议。我已经没有精力全面阐述少儿心理的问题，只是提出一些问题和建议，故书名取为"托起明天的太阳"。这也是我这位夕阳奶奶对朝晖的期望。

黄秀兰

2018年春节于广州从化温泉

目录

第一章 逆反期遇上更年期的尴尬

我国已经进入了前所未有的伟大时代，人民生活水平逐步提高，大部分群众温饱无忧。到2020年，我国将全面建成小康社会，人均国内生产总值超过3000美元。当今的青少年儿童，是幸福的一代，他们有着良好的社会环境，享有丰富的物质生活条件以及良好的医疗条件，接受义务教育，真是前程似锦。

年青一代在成长过程中，也会遇到很多问题，如人际关系，特别是亲子关系。孩子到了青少年逆反期，而父母亲（主要是母亲）却进入了更年期，如何处理亲子间的隔阂与矛盾呢？我们从他们的心理特征来分析。

一、成熟的异时性是青少年心理发展的基本矛盾

青少年期是人生急剧变化的时期，无论是个体的生理发育、智力发展还是社会经历，都充满变化、充满矛盾，这是儿童向成人过渡的阶段，所以又称为过渡年龄。有人形象地说，

这是一个突破既定的蛋壳，冒出头来感受全新世界的时期。维果茨基说："危机年龄阶段发展的最重要内容在于构造新质。"①这个新质表现在哪里呢？

（一）生理成熟提前

这一代青少年由于整个生存环境改善，营养较充足，生理发育加快。例如大脑重量增加，神经系统髓鞘化比较明显。生理成熟加快在性成熟方面表现更为突出。根据联合国有关组织及我国专家的调查，与上两三代人比较，男女性成熟时间都提前了2~3年，12岁的女孩就来月经，长成亭亭玉立的少女；13岁的男孩就出现了遗精现象，肌肉力量大大增加，俨然一个大帅哥了。

（二）心理发展的两种情况

1. 智力得到长足的发展

由于大众媒介的发展，特别是互联网时代来临，知识爆炸，巨大的信息流大大开阔了青少年的视野，他们的知识面极其丰富，宏观的、微观的知识都知道得很多，上一代人难以望

---

① 见《维果茨基全集》第5卷《年龄心理学问题》，安徽教育出版社，2016年，第14页。列·维果茨基（1896—1934）是苏联建国初期著名的心理学家，他运用辩证唯物主义的观点研究心理学的重大问题，创立了"社会文化历史学派"，他对心理学的理论做出重大贡献，在国际学术界有广泛的影响。不少发达国家如美、英、日、法等都建立了以他命名的研究机构，掀起了一股"维果茨基热"，他被称为"心理学界的莫扎特"。维果茨基的主要观点可参阅黄秀兰著：《维果茨基心理学思想精要》，广东教育出版社，2014年。

其项背。青少年思维的独立性、深刻性、广泛性、灵活性以及逻辑性大大发展，想象力、创造力也得到发展。我们的中学生，多次获得了各种国际大奖。维果茨基指出："少年在性成熟期完成着迈向智力发展大道的最重要的转折性的一步。"[①]

2. 对成人的依赖

受教育时间的延长造成对父母的依赖增强。孩子们从小学入学到高中毕业要上12年学，很多人继续上大学、读研究生，到毕业时已经20多岁，这期间往往靠父母的经济支持，生活并未独立。

这种成熟的异时性就构成了青少年期心理的基本矛盾，这是一个"半大人、半小孩"，或者说"大小孩、小大人"的时期。按照中国传统文化的观念，经济不能独立时主要依赖父母，似乎是天经地义的，所以孩子总认为理所当然，但是心理上与儿童期比却起了质的变化，这就是青少年的成人感。

二、成人感是少年期主要的心理特点

所谓成人感，就是青少年认为自己已经是成人，也要求周围的人把他当成人看待。比如：遇到一个老太太，你问她高寿，她说今年85岁了，你就说真不像，看样子只有70岁开外，

---

① 列·谢·维果茨基：《维果茨基全集》第5卷《年龄心理学问题》，郑发祥、贾旭杰、梁秀娟、龚浩然译，安徽教育出版社，2016，第378页。

把她说得年轻点，她会很高兴；但当你遇到一个只有十四五岁的青少年，你说，啊！你很成熟，好一个大小伙子，他就满心欢喜，你当他是"小屁孩"他还会生气呢。成人感给青少年带来哪些心理特点呢？

（一）自我意识大大发展了

维果茨基说：人的个性产生与发展，是与人的"自我意识"联系在一起的。人到了3岁左右，当他开始学会用"我"（第一人称）来称呼自己时，就证明他能够把自己与周围世界分开，即标志着他自我意识的诞生。一个人行为的协调性、稳定性和一致性，常常取决于他的自我评价能力是否适当，但儿童的自我评价能力、自我体验与自我调节能力还比较低。他基本上还是以成人对他的评价为基础，如老师说我乖，爸爸说我是好孩子，等等。至于与自我评价紧密联系的自我体验（自信心、自尊感、自豪感等）、自我调节能力也还是比较被动的，要通过成人的强化（提醒、奖励与批评等）来实现。渐渐地，他通过榜样以及集体的规范等来控制自己的行为，自我意识才得到进一步发展。

到了青少年期，自我意识产生了质的飞跃。这种质变最突出的表现是对"自我形象"的关注。简言之，就是一个人关于自己能力、外表的认知，这一关注使人自尊、自爱或自卑、自我批评以及会尽量让别人了解、尊重自己，提高自己的地位，掩饰自己的缺点，等等。

你若留心一下，会发现青少年中有很多有趣的现象，例如喜欢与别人比高矮、比腕力（掰腕子），少男少女在口袋或书包里总带上小镜子和小梳子，不时拿出来照照。少年开始注意自己的仪表，穿什么衣服，理什么样的发型，女孩比男孩更挑剔一些，而且有意模仿她喜欢的人，如某歌星等。衣服鞋袜要自己选，嫌父母买的不够时尚，还会为了发型与父母争吵。

自我意识发展的第二个表现是他努力要挣脱成人的束缚，他再也不愿意遵守儿童期与成人关系的模式——听话。为了表现他的独立性，常常要"自作主张"。例如：青少年不愿意再跟在父母的后面上街，一块儿逛超市，他要么走在前面，要么远远地落在后面，或拉着奶奶的手表示他已是成人，能照顾老者；同成人说话时故意"顶牛"，你说东他偏说西，你向北他偏向南，很多事情不是对错问题而是因为你要求他，他就偏不做，他的意见大人说他火候不够还"嫩"，他就说你火候足"烧煳了"。有的家长不了解孩子的这种心理，埋怨说，本来孩子很听话的，怎么变成这个样子了。

孩子自我意识发展的第三个表现是孩子开始有"秘密"了。有秘密是他成长、成熟的标志。如他偷偷藏着电影明星、歌星的照片，写日记进行自我反省，家长给的零用钱留着，还有他交的朋友，包括异性朋友……所有这些，绝对不能让老爸老妈知道。聪明的家长这时候应该给孩子一个私密的空间，如一个抽屉、一把锁等，要让孩子有个人空间，千万不可侵犯他的隐私。如果孩子有心事，不敢告诉你，那么也不要逼迫他把他的秘密说出来。

到了青春期，随着个体的发育与成熟，个体体内会分泌大量的性激素，生理的变化使他有了新的体验。与少年期不同，他面临着人生一系列最重要的事件：升学、就业、恋爱、结婚乃至生儿育女。站在人生十字路口的青年，他愿意听取家长的意见，使命感（社会责任感）使他考虑问题较全面较现实了。与父母的关系已不像少年期那样"犟"了，不过这已不是本书要讨论的问题，就不再赘述了。

（二）青少年产生新的心理需要

成人感使孩子产生一系列新的心理需要：

强烈的独立、自主的需要。特别是那些与他个人兴趣和前途有关的事情，例如考中专还是上高中，读什么学校，选什么专业等，常常为此与家长发生冲突。

对威望与尊重的需要。青少年思维的独立性与批判性增强了，对于社会问题、道德问题都有自己的见解，而且希望成人能尊重和听取他的意见，在成人讨论问题时喜欢插嘴，但有的成人无视这些，"去去去，小孩子懂什么，大人讲话别插嘴"，这极大地伤害了孩子的自尊心。聪明的家长应该有意识地让孩子参与成人世界的问题讨论，特别是家庭事务的决策，让孩子有一种主人翁感。少年有时有些意见是很有见地的，不可小觑。

渴望友谊，与同龄人建立亲密关系的需要。小学阶段的朋友严格说来只是"玩伴"，或由于邻居、亲戚、同桌等原因而玩在一起。到了少年期，他们需要能交心，能探讨彼此的思想认识，能对一些重大问题进行表述以及交换有关性成熟的秘密的朋友。与朋友促膝谈心，交换最有趣的新闻或者对问题展开争论是少年最大的乐趣。对异性也开始产生兴趣，以前男女生同桌，在课桌中间用笔画上一条界线的现象没有了。男女同学的关系开始发生微妙的变化。

（三）青少年期的焦虑

古人说："少年不识愁滋味。"在成人看来，少年不愁吃不愁穿，家里什么都为他准备好，有什么烦恼呢？其实少年期的烦恼、焦虑多着呢。先看一个调查材料：暑假期间，广州市第五中学等九所中学学生在社工的指导下进行了一个名为"收获幸福"的调查。主要调查对象是中学生，结果发现，少年感到的焦虑包括：课业压力大、学习成绩不好、考试焦虑、课程无聊、缺少休闲娱乐时间，等等。赤岗中学初二男生李同学说，希望家人能理解自己，关心自己，作业能少些，老师也能体谅一下我们的辛苦。南武中学高二女生杨同学说，不幸福的地方是学校，课外活动太少，作业太多，补课太多，我们都没有自由，希望老师别那么严格，让我们能看自己想看的书。①

---

① 《中国维特的烦恼》，《南方都市报》2012年8月27日。

　　还有一些少年，父母关系长期紧张，或者分居、离婚，只与父或母一起生活，父母的焦虑转移到了孩子身上；还有的少年（特别是女孩子）在家庭中遭到性别歧视，缺少父母关爱乃至被嫌弃；还有个别孩子，由于家庭人际关系紧张，成了大人情绪的出气筒。所有这些，日积月累，使孩子的情绪出现困扰，缺乏自我价值感，甚至产生出走或自杀的念头。

　　总而言之，少年期的焦虑是多方面的，除了课业负担之外，还有人际关系（与父母相处、与朋友交往等等）、兴趣爱好得不到满足等，特别是对身体迅速发育和性成熟缺乏必要的心理准备，容易出现情绪困扰。一些少男少女对自己形象产生的焦虑更为突出。长得矮小、过度肥胖、皮肤黝黑的女孩总是忧心忡忡，患有残疾的孩子更甚。所有这些压力和挫折，都可能使少年发展成抑郁症。据有关部门统计，青少年抑郁症的发病率高达2%~8%，因此调节他们的情绪是一个不可忽视的问题。

三、青少年为什么会产生逆反心理

　　据心理学研究，人在成长过程中，一般会经历三个逆反期：

　　儿童到了3~4岁，随着知识经验的增长，主观能力的加强以及独立性的发展，心理上出现了第一个独立期。原来很可爱，见人就叔叔阿姨叫得很甜，如今却有了自己的想法，不喜欢的人就不打招呼，不愿做的事就不听大人的话。有时还会恶作剧，故意摔破玩具，捉弄小动物等。不过这个时期很短，如果成人满足他的好奇心，对他多关注，耐心解释他想了解的事物，并且给予更多的鼓励、表扬与指导，他们就会顺利地渡过这一关。

第二个逆反期是青少年期，一般是11～17岁，即中学阶段。青少年的逆反行为有许多共同特点：（1）14岁左右达到高峰；（2）男生多于女生；（3）学习成绩差的青少年比学习成绩好的青少年更容易出现逆反；（4）青少年的逆反行为大多不计后果，如出走、流浪、赌博，甚至犯罪；（5）逆反行为一般都是在孩子和成人产生激烈的对抗行为时发生。

第三个逆反期出现在80岁以后，这时老人一般都有比较明显的衰老感，他阅历深、见识广，看着年轻人做事不满意，但他这时心理的基本矛盾是力不从心，因此很多事情不如意时就固执己见，总是拿自己的经验来衡量事物，脾气暴躁的老人为此弄得人际关系紧张，这就要求晚辈在孝顺的基础上耐心做老人的工作，不过这不是本书讨论的范围，就此打住。

违拗症（逆反行为）不同于一般的不听话，第一种表现为孩子不做某事是由于别人要求他；第二种表现是固执（执拗），他决定的事就坚持，成人说了很多使他信服的理由都不听，就是坚持他最初的意见；第三种是任性，这是他追求独立的意向，还有更严重的是反抗到底，索性出走。

家长应该怎么办呢？

一个发人深省的故事：在西班牙的一个小镇上，有一个名叫乔治的男子，有一回与儿子帕科发生了剧烈的争吵，次日，儿子帕科离家出走了。乔治懊悔不已，意识到世界上没有什么比儿子更重要的了，于是他迫不及待地赶到市中心一家有名的商店，在店门口贴了一张醒目的告示，上面清楚地写道：帕科，亲爱的儿子，回家吧！我爱你！明天早上我将在这儿等你！第二天早上，乔治来到那家商店，错愕地发现有七个名字叫"帕科"的男孩等在那儿，目光全部都亮晶晶的，全都希望这是自己的父亲在张开双臂向他发出呼唤！

作家尤今在讲述这个故事后说：两代人之间有爱，但是发生争吵之后，上一代人碍于尊严，不肯不愿表露心中的感觉；下一代人，囿于习惯不会、不想表达心中的歉意，双方僵持不下。久而久之，僵成冰，冻成霜，融不了，化不掉，最后变成双方心中的恶性肿瘤。

在现实生活中，类似的例子不胜枚举。

俗话说，一个巴掌拍不响，下面我们先来分析一下父母的心理。

（一）当代父母心理的特点

出生于20世纪50年代的人，现在大多数已经是爷爷奶奶，我们这里说的少年的父母，一般都是"60后""70后"，部分还是"80后"。20世纪60年代后期还是"文革"时期，国家比较穷也很乱，那时出生的人还曾上山下乡。改革开放初期，百废待兴，当时大学招生有限，工作岗位也不多。70年代后期，开始实施计划生育，"一胎化"政策使大家都只有一个孩子。当然这一代不少年轻人，正当年富力强，堪称国家栋梁，是幸福的一代，做出伟大贡献的一代，多少摩天大楼、航天成果都见证着他们是伟大时代的建设者。

虽然有成就的人不少，但很多人还是被"耽搁"了的，他们自己当年的理想没能实现，现在已到"不惑"甚至"知天命"之年，就把希望寄托在子女身上。

21世纪的经济发展，改变了整个世界的格局，也大大地改变着人们的思想观念。例如在美国，1956年"白领工人"的总数就超过了"蓝领工人"，到70年代新就业的人中，大约90%是白领。我国目前就业人群的成分也发生了很大的变化，劳动密集型企业少了，自动化程度大大提高，蓝领工人少了，白领工作者迅速增长，还有"金领"人员。每年新入职人员中，大学生、高职、中职生的比例都发生很大变化，知识更"吃香"，这是时代的进步。

梳理这些情况，可以看出，这一代父母对儿女的期望比历史上任何一代都高。笔者曾就"家长对子女的职业期望"做过调查，35.3%的家长期望子女成为科学家、发明家、文艺家等，32.6%的家长期望子女当教师、医生和国家干部，16.5%的家长希望子女继承父业，成商人、企业家、房地产商等，仅有6.7%的家长期望孩子成为工人、农民和个体手工业者。

父母们含辛茹苦，无怨无悔地为儿女贡献自己的力量。通过观察，可以把父母分为以下几种类型：

第一种是儿女至上型。这些父母把孩子看成"掌上明珠"，捧在手里怕飞了，含在嘴里怕化了，对孩子的要求，不管是否合理都一样给以满足。比如说海外游学，说是感受一下国外的生活，为将来出国留学做准备。是的，游学长知识，可以体验外国的文化与生活，有利于孩子综合素质的提高，对家长而言是一种锦上添花的教育方式。但是孩子的理解能力、独立意识能否胜任，能有所收获吗？有的家长经济能力并不高，却有一种攀比心理，有位妈妈说："花了钱心痛，不花钱对不起孩子，别人都去嘛。"不少游学机构以赚钱为主，名不副实，多游少学，甚至"游"到赌城，这些情况，媒体都有披露。笔者认为让孩子树立正确的价值观与学习观最为重要，没有必要去国外游学，将来他长大了，有本事自己去。

又如，最近一些媒体刊登了一些家长和学校对让不让外卖进学校的讨论。有的家长嫌学校食堂的伙食不好，让孩子叫外卖送到学校，有的父母干脆在校外餐馆为孩子包伙食，更有甚者，母亲在学校旁租房子陪读，天天给孩子做饭。澳大利亚有一句谚语，"不管多富，都要穷孩子"，我国也有这样的说法，"有钱难买少年穷"。贫穷也是一种教育资源，那些一切物质条件都优越的学生能够健康成长吗？不经过艰苦奋斗能成人吗？

父母的善良愿望孩子领情了吗？我们看到的却是这些娇生惯养的公子哥儿与刁蛮公主，一不如意就撒娇或者吵闹，亲子间的矛盾、冲突使一些家长感叹："我除了摘不到星星和月亮，能给的都给他了，怎么会得到这样的回报？"

第二种是包办代替型。有位妈妈说："只要还有妈妈的一天，孩子永远是孩子。"在这样的家庭里，孩子衣来伸手饭来张口，什么事情都不用做，连有关自己升学择校、选专业等决定个人前途的大事，父母都包办了，他们什么都为孩子想好，总希望儿女不受挫折，走上一条笔直笔直的路。有的父母为此过度监督和控制孩子，不许孩子参加一些他们认为危险的事情，如游泳、与同学登山等。学校军训，一个家长怕孩子受累，竟替他撒谎请病假，这样"养尊处优"的生活，给孩子什么影响呢？

金大姐夫妇都是上海人，在杭州开了一间汽车修理厂，赚了不少钱。儿子从小由爷爷奶奶带大。据金大姐说，孩子从来都没哭过，只要一不高兴，全家就总动员一起哄他，上学放学都是汽车接送，作业常常靠爷爷代劳，因成绩不好留过两次级。好不容易熬到中学毕业，当然大学是没本事考了，在家玩了两年。人总要做点事嘛，父母给了他10万元去开个小餐馆，不到几个月就亏掉了，把铺子卖了就开宠物店，想着可以玩又轻松，开了半年有一次被小狗咬了一口，又关了店，从此就在家过"啃老"的"悠闲"日子，脾气还老大，一不如意就摔盘打碗。金大姐说，都怪她宠坏了儿子，现在后悔也来不及了。

可以这样说，有这样包办型爱孩子的父母是不幸的，因为孩子的人生已经被父母以爱的名义控制了，孩子别无选择。实际上，父母剥夺了孩子探索和热爱人生的机会，剥夺了孩子的梦想与渴望，孩子在"爱"中被慢性吊死了。

第三种是恨铁不成钢型。正如我们上面所分析的，父母对子女有过高期望，而孩子的成长并没有达到父母的理想，就此引发了教育焦虑，特别表现在孩子学习成绩方面。而父母心目中的学习成绩，就是分数，孩子分数不高，父母就急、打、骂。电视剧《急诊科医生》中一个母亲就因为女儿考试不及格打了她，致使孩子喝了农药"百草枯"而丧命，这不是艺术描写，在现实生活中这样的例子不少，青海一个妈妈就打死了儿子，自己在收监期间也自杀了。福建还有一个妈妈，就因为9岁的女儿经常忘记写作业，三番五次如此，又不爱刷牙，常闹腾到很晚也不睡觉，就剃光了孩子的头发在朋友圈示众，这是教育吗？羞辱孩子会产生什么样的后果？这种行为已属于家暴了。

第四种是全面打压型。家长对孩子的叛逆行为，如不听话、顶嘴等感到恼火，他们采取强硬措施，非打即骂，企图压下孩子这股邪劲，这实际上会关闭与孩子交流的大门，可能即使表面服从，实际上孕育着更大的反抗或者不幸。总之，不要指望打骂孩子就会让他学会服从。有心理学家说得好，杀鸡给猴看的结果是：猴子也学会了杀鸡。

崔姨的丈夫在"文革"中被迫害死了，她不想唯一的女儿再离开她，孩子想考大学她不同意，发展到后来她把女儿的书烧了，学习资料撕了，母女吵得不可开交，当时报名还没开始，但孩子却逢人就说已经考上清华……原来是精神失常了，至今已过了30多年，母亲只有陪着疯疯癫癫的女儿垂泪。

还有不少父母有良好的教育方式，如民主沟通型，笔者在浙江兰溪市（二线城市）四所中学做过调查，父母与子女关系良好，没有出现少年逆反期造成亲子矛盾与隔阂的情况占调查家庭的30%，我们将在下文结合教育措施再做分析。

（二）从一个案例中看到的问题

青春期到来的孩子内心世界充满了力量，好好地引导，这股力量将会得到建设性发挥，如果处理不当，就会变成负能量，很可能是一座随时都可能爆发的活火山。笔者在心理咨询室曾经接待了一对母子，母亲46～47岁，儿子看样子最多17岁，进门的时候，小伙子一言不发就倒在沙发上。妈妈开始带泪哭诉，说孩子原来很乖巧，学习成绩属中上，可是读到初三，态度变了，说说他就顶嘴，后来干脆不说话，除了要钱，连妈都不叫，没有考上较理想的高中，索性不上学，每天就关起门来玩手机，最近连饭也不好好吃了。他们只有这一个儿子，他父亲在深圳打工，很少回家，最近他这个样子，她连工都辞了。她不明白，从小就无微不至地照料他，到底哪里让他不满意？孩子还是不说话，妈妈就说："我出去逛逛，买点晚上的菜，你们聊聊吧！"他母亲离开后，我坐到孩子身边，启发了半天，他终于开口，但是只说了六个字："她霸道，我讨厌。"我倒了一杯水给他，并且说，我老了，但也年轻过，现在还有很多年轻的朋友。接着，我把年轻人的心理特点、需求以及烦恼等做了一些分析，把父母的心理也说了，还给他讲了流行歌曲《酒干倘卖无》背后的故事，那位懂得感恩的姑娘真叫人感动。此时大概真的触动了他的思想，他便向我倾诉了他母亲的种种不是。主要认为母亲不理解他，从小就不给他一点自由，诸多限制，他想外出打工，母亲却藏起了他的身份证、户口本与毕业证书，人前人后（外公外婆舅父等亲戚）都说他，并动员大家做他的思想工作。

这时他母亲回来了（其实她很可能在外面偷听我们的谈话），我就说，咱们三个人一起谈吧，但愿这也是个"金三角"。一句玩笑话，大家轻松了很多。我说你们的关系，主要问题在妈妈，你太爱孩子，但你的爱太沉重了，孩子接受不了，你不理解孩子（这时孩子点点头，母亲却张大了嘴巴）。我转向问孩子，妈妈不理解你，可是你理解妈妈吗？"理解万岁"，那是双方的，我把他母亲怎样含辛茹苦地照顾他与现在的烦恼再说了一遍（刚才妈妈哭诉时他根本没听），妈妈哭了，孩子显然也受了感动。我接着说，你们的关系在于缺乏沟通，缺乏在平等和尊重的基础上对话。孩子长大了，你要把他看成一个独立自主的人。中国有句话"儿大三分客";孩子呢，要怀有一颗感恩的心，这样什么问题都好解决了。我给你们八个字：理解、尊重、沟通、互爱。最后母子二人高兴地离开咨询室，我给了小伙子一张名片，但始终没有问他们的姓名，尊重人家的隐私嘛！

四、与逆反期青少年相处的艺术

首先我们还是说说代沟。笔者在多部著作中都分析过"代沟"这个问题。所谓代沟，就是指两代人（或三代人）之间存在着的某些心理距离和隔阂，从而引起矛盾冲突。随着今天科技的高度发达，新鲜事物层出不穷，整个社会发生巨大的变化，别说老人，连年轻人都要努力才能跟上。由于文化环境、生活经历的不同，两代人在价值观念、生活态度和行为方式等诸多方面都存在着差异，并常常因此引起矛盾与冲突。我邻居张姨，儿子上高中了，住校。星期六回家穿了一条牛仔裤，张姨一看就大叫起来，"刚给你买的好好一条裤子，你怎么把两边膝盖都剪烂了"。儿子说这叫"酷"。"什么？好好的裤子不穿，学什么'苦'？"这时奶奶也过来了，说在旧社会，多破的衣服她都打好补丁才穿，真不懂事，把裤子剪烂去学什么"苦"。孩子也叫起来，"不是'苦'，是'酷'，同学都这样，讲你们也不明白"。三代人就此争吵起来。代际间的差异是肯定的，但这种差异会不会影响代际关系呢？两代人之间和

谐的人际关系能不能建立起来，两代人怎样相处，特别是作为长者怎样教育下一代？

（一）理解

"理解万岁"，这是20世纪80年代的流行语，它反映了时代的呼唤。人们只有相互理解了，才能谈到尊重与沟通，才能谈到爱，拥有爱。泰戈尔①说："爱是理解的别名。"我们在这里只谈孩子与家长的问题，事实说明，很多亲子间的矛盾与冲突，都是从彼此缺乏理解开始的。

作为教育者的家长，首先要理解孩子，理解什么呢？我们在前面已经谈到了少年新的需要与困难，概括起来，就两个方面：

一是理解少年期出现的新的需要，不要再沿袭孩子童年期的那种关系模式，例如他有朋友，想学会成人的交流方式，这一过程中可能犯了错误，要理解，要包容，不要动不动就上纲上线。最近我读到了尤金写的短文，很受启发：以拉大提琴而成为乐坛超级巨星的马友友，在15岁时交了损友染上喝酒的恶习。有一回他喝得烂醉如泥，被送到医院急诊室，没到乐团练习，他父母知道了，心急如焚又心痛如绞。母亲理智地对父亲说："不要处罚他，你罚他的话，情况可能更糟糕。如果能开心见诚地沟通，他可能还会改过来。"父亲接受了劝告，心平气和地对儿子说："友友，也许我吃饭的时候总喝点酒给你树

---

① 泰戈尔，印度诗人，诺贝尔文学奖获得者。

立了坏榜样，从现在开始，我不喝酒了。"冷静的处理手法对这位才思敏锐的年轻人产生了预期效果，他深感内疚，永不再犯。因此，给孩子讲道理是有必要的，但一定要注意态度，态度比道理重要，否则孩子会说，你虽然有道理，但你的态度让我讨厌，就是不要听你的。

又如，与少年谈话，最好避免从考试成绩入题，减少对孩子的压力，就比较容易沟通。从小学升入中学，功课一下子多了好几门，孩子也要有一个适应的过程。笔者曾在中学教过外语，不少学生一下子不习惯，不敢开口（20世纪五六十年代初才开始学外语），成绩也上不去，我总是对他们说，分数不是最重要的，主要看过程，你们努力了，用心学习了，也就于心无愧了。让孩子减少心理负担，成绩就会好起来。

二是理解少年期遇到的各种困难。他在成长、成熟，他周围的环境比儿童期复杂得多，我们在前面已经分析过了，想想你自己当年，是不是也有过这样的阶段。关心、体谅他吧！家长和教师都应该学会换位思考，学会站在孩子的立场看问题。例如有时候，孩子的舆论比成人的意见要重要得多，甚至不惜违反成人的规定而做到孩子世界的要求，或把违反成人的要求看成是一种英雄行为。上面提到的把牛仔裤剪烂要"酷"的少年，就是因为被同学笑话"老古董"才剪烂裤子的。有位少年表现不佳，教师教育改变了，但回到班上，顶不住同学的舆论压力，说什么"老师洗脑了，争取入团了，不和我们这些落后分子玩了"等等，又变差了。有的教师批评孩子屡教不改，其实不了解他的处境，因此要教育集体，通过集体舆论教育每一个人，这是另一个问题，我们将在下面章节中涉及。

还必须提到的事是，要理解孩子，也要教育孩子理解父母的苦衷，知道感恩。家庭最本质的特点是凝聚力强，血缘关系具有高度的归属感、支持感与温暖感。家长对儿女的教育有着强烈的愿望与责任感，望子成才，儿女也明白父母对他的爱，是为他好，从心理上容易接受教育。但也会因为父母太重视了、太亲密了，恨铁不成钢而采取粗暴的手段。子女也应理解，并积极地进行自我教育，以此慰藉父母、回报父母。

（二）尊重

尊重，字面上的解释是尊敬、重视，平等相待的心态与言行。尊重他人是一个人政治思想修养好的表现，是一种文明的社会交往方式，是顺利开展工作，建立良好人际关系的基石。有人说，尊重是一朵花，一朵开在心间的花；尊重是一条路，一条通往美好的路；尊重是一团火，一团温暖大家的火；尊重是一缕清风，一泓清水，是一种品德，一剂催人奋进的强化剂。没有尊重就没有教育。

我们在这里也着重谈谈家长和教师尊重孩子的问题。

第一，家长和教师要切记孩子是一个独立的人，不能居高临下，指手画脚，专制独裁，要与孩子平等对话，家长要有民主意识，否则根本就谈不上尊重。全国模范班主任郭葆钫老师（杭州铁路一中）从来不把学生叫到办公室训话，也不在别的学生面前批评孩子，更不会动不动就向家长告状。发现问题了，她总是在课余时间找个没人的角落与学生促膝谈心，既肯定孩子的优点，给予鼓励，也指出他不足的地方，同时她也做自我批评。在她的循循善诱下，很多孩子都改正了缺点。

第二，家长不要老盯着孩子的缺点，过多责备，犯点错误就训斥。要知道少年是有很多想法的，难免有错，要允许他犯错误，给他思考、改正缺点的时间。俗话说，年轻人犯错误连上帝都会原谅的。更不能恶语相向，伤害孩子的心灵。像《虎妈》那本著作，孩子不乖，就骂她是"废物"，这很不好。湖南有句俗话，骂孩子的时候总是说："没用的东西，你有一寸用，都可以成一口钉子。"这样说很不好，他才多大，怎么知道他没用？广东人也有这样骂孩子的：生你不如生个蛋，生个蛋还可以做菜。要知道，不少孩子就是在家长这种鄙视下变得自卑、无所作为，或者对家长产生对抗心理。

第三，不要老拿自己的孩子和别人的孩子比。这样做很伤孩子的自尊心，对家长产生抗拒心理。有位家长总是对孩子说，你看谁谁谁，比你还小两岁呢，人家如何如何，你学学吧。孩子反驳说，我为什么要学他，我还想你学世界首富呢。

第四，好孩子是夸出来的。要尊重他，应看到孩子的优点，以赞扬、鼓励为主。要知道，青春期的孩子内心世界充满了力量，有远大的理想和抱负，好好引导，使这股力量得到建设性的发挥，让他放飞梦想吧！梦想的腾飞，会培养出雄鹰，切勿嘲笑他。

第五，要给孩子减负，尊重他的兴趣，尊重他的课余生活，要给他们玩耍的时间。有一个初中生对笔者说，他妈妈只会逼他做作业，连看《中学生优秀作文选》这样的书也不让，他与同学打乒乓球，她也说玩物丧志，他活得这么累，他觉得自己真可怜。

（三）沟通

沟通，是人与人之间、人与群体之间思想与情感的传递和反馈过程。沟通使思想达成一致，感情得到表达。沟通的基本结构包括信息的传递、反馈和畅通，通过口头语言、书面语、形体语言乃至图片、图形甚至眼神，或者其他个人习惯等形式产生。

亲子间的沟通如果能够在我们上面所说的理解和尊重的基础上进行，就可以解决矛盾达成共识，达到和谐亲密的状态。家长是亲子沟通中主导的一方，在沟通过程中必须遵循以下的原则：

第一，不能只有你说，不许他说，不要将自己的意见强加给孩子，那不叫沟通，是训话，甚至训斥。

第二，"听话"比"说话"重要，沟通先要听孩子说什么，他有什么想法，有哪些困难，他需要什么样的帮助，家长应该鼓励孩子坦白地讲出自己的意见。在传统的观念里，特别是那些所谓有"尊严"的父母，孩子从来就不敢和父母讲话，正如鲁迅先生所批评的，父母说什么都对，孩子想说什么，还未说出来就已经错了。这种封建家长制不能再延续了，要解决问题，必须认真听孩子说话，回答他的问题，赞赏好的意见，合理的要求应该接纳，给予满足，不合理的或者家长暂时做不到的应该给予解释，要与孩子交心，表示自己的诚意。善于倾听是父母与孩子有效沟通的最佳方式。

第三，在沟通过程中，家长应该注意自己的修养：①文明用语，绝不可以恶语伤人或者讽刺孩子，更不能骂脏话，这点不少文化教养不高的家长常常做不到；②自己有错误应该检讨，敢于坦诚地对孩子说"对不起"，这不会使你丧失威信，反而使孩子更尊重你；③倾听孩子说话要认真，不可东张西望、满不在乎的样子，要顾及孩子的感受。有条件的可以参加孩子的活动，成为他们的一份子，这样更利于沟通和设身处地感受孩子的需要。

第四，家长要以身作则，给儿女做出榜样。著名班主任刘纯朴老师总结了三句话：晓之以理，动之以情，导之以行。家长要循循善诱，不断丰富孩子的知识，规范孩子的行为，将孩子培养成人是我们教育的目的。

第五，最后一点特别重要，在沟通过程中，父母切记不要唠叨，尤其是妈妈，总爱喋喋不休。有的父母认为说得多，孩子就会长"记性"。殊不知，唠叨正是孩子不听话的原因，孩子会说"老是啰唆，烦不烦"。一个有趣的故事，美国著名作家马克·吐温，一天他在教堂里听牧师布道，觉得牧师讲得很棒，准备捐款。但过了10分钟，牧师还在说，马克·吐温有点不耐烦，就想捐点零钱算了。又过了10分钟，牧师还没完没了地说，马克·吐温决定一分钱也不捐了。好不容易熬到牧师停下来要求大家捐款时，生气的马克·吐温不仅没有捐钱，还偷偷从捐款的盒子里拿走了2元。在心理学上，这种现象叫"超限效应"。在教育孩子时，父母很容易犯"超限效应"的毛病。孩子本来想接受你的意见，现在反而更"逆反"了，好父母，无须话多，一语中的，孩子是可以教好的。

最后，笔者还想提到一个案例作为前车之鉴。湖南湘潭某中学一个初中三年级的学生，平日表现不错，成绩也比较好，人际关系良好，但是他抽烟还喝酒。2017年12月23日晚上，他在超市里碰到他的班主任李老师（李老师在校长和学生的眼里是个责任心很强的骨干教师），老师发现他买烟，身上一股烟味，就批评他，搜了他的书包，还要他站在那里，要去通知家长来处理。一会儿家长到学校来了，传达室的人说孩子已经进了学校。妈妈、老师、保安等一起在各处找，但都没有找到，直至一声巨响，孩子已从教室的五楼跳下身亡了。在孩子给班主任的遗书中，他对老师说：作为一个老师，你动手打学生，还在不经学生同意的情况下，翻学生私人物品，侵犯我隐私权。一条年轻的生命骤然逝去，一个家庭陷入了无尽的痛苦，另一个家庭（李老师的家）背负沉重的内疚和思想负担。

怎样对待逆反期的少年？我们要深深地反思。

第二章　走出"不让孩子输在起跑线上"造成的误区

　　科学技术是第一生产力，创新是第一动力，是现代化经济体系的战略支撑，而科技创新的第一要素是科技人才。因此，党的十九大报告明确指出：要优先发展教育事业，提高就业质量和人民收入水平。

　　让每一个孩子都能健康成长，从小接受到良好的教育，这是当代父母的期望，是时代的进步。因此，近些年，"不让孩子输在起跑线上"成了广大家长的共识，从而衍生出社会上各种各样、五花八门的措施。

　　不让孩子输在起跑线上，这是十分正确的命题，但是为什么又引起舆论的吐槽，甚至走进了各种误区？什么是起跑线？起跑线在哪里？要对孩子进行早期教育，早期要早到什么时候？早教是不是就是开发智力？就是参加各种学习班？这一系列问题，都需要正确回答，要有明确的、科学的认识，才能收到应有的效果，才不至于被忽悠。

下面我们就来剖析这些问题。

一、人的发展的基本概念

（一）什么是发展

发展是一种前进运动，退行性的变化不能称为发展。儿童生理的前进运动可称为成熟或发育，也称发展，但从心理学的角度看，发展按我们的理解，就是心理发展。

在个体生长和发育过程中，我们看到三种发展现象。

第一种是个体发育，从胚胎时期就开始，是个体按照遗传信息进行顺序解码的过程，例如孩子四个月会翻身，六个月长牙，一岁左右开始行走，等等。

第二种是低级心理机能的发展，如感觉、知觉、无意注意、形象记忆、情绪、冲动性意志、直观的动作思维等等。我们之所以称他们为"低级"的，是因为这些机能有以下特点：

（1）从表现看，这些机能是被动的，由客观事物引起的；

（2）从水平看，这些机能是感性的、形象的、具体的，他们的结构是直接的，没有中介的；

（3）从起源看，这些机能是种系发展的产物，受生物学的规律所支配，是随着动物特别是其神经系统的发展而发展的。

这些低级心理机能，动物和人都具有，随着动物的发展逐步复杂化。例如：养在鱼缸中的小金鱼会形成条件反射，在主人喂食时会游过来；小狗看见主人就会摇尾巴；五个月的娃娃看见妈妈或抚养他的人，就会伸手要抱抱，会对熟人微笑，陌生人抱他就会哭。

但人的低级心理机能与动物不同，它不是纯生物性的表现，因为人一出生就生活在群体中，人类的文化成果在起作用。例如：吸吮反射是无条件反射，温饱需要是生物性的，但母亲不会孩子一哭就哺乳，她会按照人类生活的模式，隔几个小时才喂他一次，逐渐使他适应人类社会的生活方式。因此，人的低级心理机能也是有中介结构的。

第三种是高级心理机能的发展，或者更明白地说是儿童的文化发展，这种发展是在社会生活环境的影响下，在成人的教化中，逐渐发展起来的。

高级心理机能包括哪些？这就是指观察（有目的感知觉）、有意注意、词的逻辑记忆、抽象思维、高级情感、预见性意志等等。这些机能完全不同于我们上面提到的低级机能，它们是主动的，有意的，由主体按照预定的目的而自觉引起的。例如：孩子上课要求他集中注意力。从反应水平而言，它们是概括的、抽象的、整体的，由于有思维的参与，各种机能都发生了本质的变化，教学就要培养孩子的思维能力。

这里最重要的问题，就是高级心理机能即文化发展是社会历史发展的产物，是受社会规律制约的，对一个人来说，是在人际交往活动过程中产生和发展起来的。

（二）心理机能发展的两条路线

通过上面的介绍，我们已经清楚地了解了低级心理机能和高级心理机能有哪些。动物只有低级心理机能，而如果没有人类的文化，人是无法发展出高级心理机能的。

大家都知道狼孩卡玛拉的故事：很多年前，在印度的一个狼窝里发现了两个女孩，可能是很小的时候被狼叼走的，但是狼没有吃掉她们，而是留着她们在狼群中长大。被发现时，她们的行为与狼无异，像狼一样吼叫，吃东西要丢在地上用嘴啃，夜里眼睛放光。救回来后，妹妹活到9岁，卡玛拉活到13岁，但始终没有学会人类的生活方式。

还有美国心理学家丹尼士，他进行了一项极其残忍的剥夺实验：他找来了一些新生的孤儿，对他们进行了完全剥夺社会生活的实验，给他们吃喝，但不与之说话、交往，让他们在孤独中长大，后来这个实验在舆论的谴责下结束了。但被释放出来的孩子不会生活。

由此可见，行为的生物发展的路线，是动物和人都具有的，是种系发展的产物。而历史发展或文化发展的路线却是人类特有的。

从原始人、半动物状态到我们当代的文明为止，儿童个体的发展过程，既有种系的发展又有历史文化的发展。两种不同的心理机能交织融合在一起，身体发育、低级心理机能不断高级化，最后达到人的社会化和个性化。

说到这里，我们就可以开始讨论什么是起跑线了。

二、关于"起跑线"的理论与实践

运动员赛跑，零点就是共同的起跑线，否则怎样计算成绩呢？人类学习也有它的起跑线，正如我们上面所谈到的心理机能的发展，这比赛跑要复杂得多。

广义来说，人生下来就开始学习，就是他的起跑线。由于心理机能发展是不同步的，因此我们必须做到具体问题具体分析。

（一）胎教

浙江一个企业家，想办一所胎教学校，要高价请笔者当顾问。我回答说：我根本不相信胎教这回事，完全是忽悠人的，劝你们不要办。

"胚胎期的发展是一种完全特殊的发展类型，他与出生后开始的儿童个性发展所遵循的规律是不同的，因此胚胎学，不能作为心理学的一个章节。"

"心理学应该考虑到儿童胚胎发展的规律，因为这一时期的特点会影响到胎盘后期发展的进程，即使如此，无论如何也不能包括胚胎学。"这两段话是心理学家维果茨基说的。[1]

---

[1] 列·谢·维果茨基：《维果茨基全集》第5卷《年龄心理学问题》，郑发祥、贾旭杰、梁秀娟、龚浩然译，安徽教育出版社，2016，第15页。

然而现在有些人打着胎教的幌子，让准妈妈们花不少冤枉钱去学习，有的准妈妈相信胎教，甚至一个妇女从怀孕起，就正眼也不看丈夫一眼，因为她认为丈夫长得太丑，天天捧着歌星蔡国庆的照片，要生一个像明星一样漂亮的儿子。

　　有人将收音机放在肚皮上，让胎儿听音乐，培养节奏感；还有人搓肚皮，对着肚子讲故事，人为地对胎儿施加各种感觉刺激，甚至用闪光灯对着肚子照射……据说胎教能让孩子变得更聪明，口才更好，更有音乐天赋，身体运动更加协调……

　　然而所有这些做法毫无科学根据，美国哥伦比亚大学心理学教授威廉姆费弗博士认为：一些胎教措施还可能干扰宝宝休息，改变胎儿大脑功能发育，甚至引起大脑发育出现偏差。暨南大学医学院脑科医院心理科首席专家郭沈昌教授指出：胎教是无稽之谈。

　　那么准妈妈是否无事可做呢？笔者认为怀孕后，想生个健康宝宝可以做好三件事：一是适当增加营养，怀孕初期前100天，由于妊娠反应孕吐等不适，使人吃不下东西，不要紧。胎儿这时还未长个儿，四到七个月准妈妈可以增加必要的营养素，这有益于胎儿的发育。七个月以后要注意不能吃太多，防止胎儿过于巨大造成生产困难，巨儿对母子都有风险。二是准妈妈一定要保持愉快的心情，情绪对胎儿神经系统的发育是有影响的。三是注意不要生病，如孕期高血压、糖尿病乃至感冒都对怀孕不利。还有一点，如果这孩子是用药物避孕失败而怀上的，一定要把它"做掉"。笔者见过不少由此生下的傻子，害父母也害了孩子的一生，因为药物很可能伤害了胎儿的神经系统。

孕期还可以补充一些含DHA（二十二碳六烯酸）的食物，它是一种n-3系列多不饱和脂肪酸，是神经传导细胞的主要成分，也是细胞膜形成的主要成分，富含于大脑和视网膜，是神经系统细胞生长及维持的重要元素，它有益于改善妊娠结局，婴儿早期神经和视觉功能的发育，也有益于改善产后抑郁以及婴儿免疫功能和睡眠模式等。

（二）各种不同心理机能发展的时差举例

前面已经说过，不同心理机能发育的情况是不同的，与孩子的健康状况、性别 （女孩胎儿期一般比男孩早熟）、教养环境等有关。一般来说，儿童在3岁前是以知觉为中心的，到了3岁以后他的记忆有很大的发展，5岁以后具体思维也发展起来。确定实际发展水平，是解决儿童教育教学问题最迫切、最必要的任务（维果茨基语）。下面我们举例说明。

1. 语言

乳儿听觉大概出生两周内开始发展，这时对妈妈（照顾他的人，以下均称妈妈）的声音开始有感觉。大概到3个月，他对母亲的语音已经有较清晰的条件反射。例如：妈妈说"宝宝不哭，妈妈马上冲好奶给你"，或奶瓶一响他就不哭了。4个月时，孩子会发出含糊不清的喃喃自语，为语言发展做好准备，但这时还不能教他说话。到6个月，孩子开始牙牙学语，妈妈教他说"爸爸""哥哥"，他就学着说"拍拍""多多"。到了1岁，他就会发不少双音节词，如：爸爸、妈妈、爷爷、宝宝、娃娃等等。1岁半的时候，词汇已不少，他说的是名词，但却都是当动词用的，比如说"娃娃"就是要拿玩具。

孩子学习语言的起跑线在哪里呢？显然是半岁，太早了不成，太晚了也不成。

笔者的小弟出生在哈尔滨，带他的保姆是东北人。5个月的时候，妈妈送他回湖南爷爷奶奶家，大人们讲的是湖南益阳话。1岁半的时候又到了广州外婆家，外婆讲的是广东台山话，周围的人讲的是广州话。到了2岁多，小弟什么也不会说，到医院检查，耳朵、发音器官都没有问题。什么原因呢？是他的语言环境太杂乱了，孩子无所适从。因此，家里决定所有人只许同他说广州话，如此不到两个月，孩子什么都会说了。

笔者的邻居是一对海归夫妻，他们相信双语教育会让孩子早慧，可是到了快3岁，孩子还不会说话，有时说个英语单词"嗨"，接着就讲不出了；有时发个汉语"狗狗"，东指西指，也搞不清楚他要什么。他爷爷说"贵人语迟"，是真的吗？非也。

孩子总是大量听话（听人说话），然后模仿着说话，如果他听不到别人说话，或者无法理解这些话的意思，他就说不出来了。维果茨基进行过这样的观察实验，一对聋哑夫妇的孩子，由于没有听过人说话，虽然他的听力、发音器官都健全，但还是个哑巴。到3岁进了幼儿园，教师开始教他说话，他学得非常困难，花了大量时间，发音也不正确。显然，这孩子已经错过了学习语言的最佳年龄。

从表面上看，3岁孩子的智力要比一岁半的孩子成熟，即他的注意力、灵活性、运动神经及其他机能的成熟程度较高，这本来是语言训练的必要前提。这个年龄的孩子学语言应更容易，但实际上对学说话来讲，最佳年龄已经被耽搁。显然，教学所依靠的不是已经成熟的机能与特性，而是正在成熟的机能与特性。维果茨基下结论说：过早的教学是无效的，但过晚的教学对孩子也是一种伤害。对孩子来说，过迟和过早的学习同样是困难的。

关于学习外语：

学习外语对孩子是有好处的：①孩子的联想更多更快，有利于创造性思维的发展；②双语有利于加深对语言本身的理解，多种语言会让孩子大脑的语言区域发育，让人更加聪明；③有利于发散思维的增强，学会用不同的语言进行思考；④增强孩子的注意力和认知控制力。然而这些好处是有条件的。

笔者在20世纪80年代初，曾在广州东山烟墩幼儿园和广州市第二幼儿园开展过幼儿学习英语最佳年龄的实验研究。实验时间不长，初步有以下体会：①对于生活在本族语言环境下的幼儿，学习英语最佳时间可以在4岁。此时孩子已经掌握了一定数量的本族语言、词汇，并且能用本族语言表达比较完整的思想，能初步使用复合句：因为……所以……，虽然……但是……。学习英语可以"迁移"较多，干扰较少。②学习兴趣较浓，可以通过游戏（如摸袋游戏，摸出来能说出物品的英语单词）、歌曲，乃至童话剧来学习。③出现字母、单词、句子的书面语言则为时过早，甚至小学生也应该在掌握了汉语拼音字母以后，才学习英语的书面字母词汇，否则干扰太大，增加孩子学习的困难。①

欧洲一项调查发现：7岁前学习英语的孩子，和7岁后学习英语的孩子，在成年后英语水平并没有差距。其实孩子发音一般在8岁之前形成，12岁左右定型。不管学习本族语言或者外族语言，童年期都是能获得较纯正发音的，家长不必操之过急。

2. 与手指动作有关的技艺

如弹钢琴、绘画、书法、珠算等等，我们认为一般最好在4岁之后开始，从解剖学的角度看，儿童到了4岁，他的掌骨发育较好，手指的活动能力开始分化（即各个手指可以单独活动。很小的时候，他拿东西总是用整个拳头、五个手指一起抓），才有利于学习需要细化的手指动作。

当然，个别差异是有的。广西有个小姑娘妮妮，他父亲是画家，专门画猴子，她2岁起就和爸爸一起观察猴子，3岁就拿起笔画小猴；莫扎特3岁就弹钢琴，4岁时，国王亲自把他抱上

---

① 黄秀兰：《幼儿学习英语的实验研究》，载《教育心理学文选》，人民教育出版社，1983。

钢琴凳表演。

3. 肢体的活动与躯干的协调

这一机能大约也要到4岁才发展得比较完善，可以开始学习舞蹈、跆拳道、游泳等等。美国儿童心理学家格赛尔曾做过一个有名的爬梯实验：让一对双生子学爬梯，哥哥在48周开始学，弟弟不学，只是看着哥哥练。到52周时，哥哥学会了。弟弟呢？弟弟50周开始练爬梯，结果到52周爬梯爬得和哥哥一样好。格赛尔下结论说：过早的学习让孩子辛苦，效果也差，需要更多的时间，合适的时间才是教育的时机。

由此可见，不能笼统地画出起跑线，不同的学习活动有不同的起跑线，具体问题具体分析。前面已经说过：学习效果与孩子的成熟水平、性别差异、教养环境等有关，孩子家长不要盲目跟风，觉得早教嘛，越早越好，你早我比你更早！维果茨基是这样下结论的："当儿童的某种心理机能尚未成熟而接近成熟时，在这个时期开始施以适当的教学，便可以促进这一发展过程，组织这一过程以一定的方式调整这一过程，从而达到最佳效果。"过早的教学，使孩子辛苦且效果不大，过晚的教学也不利于孩子的发展。

笔者想，行文至此，什么叫起跑线？起跑线在哪里？大家已经明白了。

（三）关键期或敏感期

心理学家的研究表明：每一种动物在他们成长的过程中，

都有一个相对敏感的时期。这时他们的神经突触最敏感，很容易接通。小白鼠是出现在出生的第19天，小猕猴是在成长的第5个月，如果在这个时期对它施加某种适当的影响，效果是最好的。德弗里兹等人对动物个体的研究资料表明：环境的特殊影响虽然对某方面发展有决定性作用，但只有在一定的发展时刻，施加这些影响才会有效。[①]

由此，维果茨基提出了"理想智龄"的概念，或者称"学习的最佳期限"，即学校、教师、家长对孩子提出的要求，能够使孩子获得最大限度的成绩，又不会太吃力的那种智力水平。

这个水平包括：①你想要孩子获得什么；②孩子目前的实际智力水平；③孩子对学习的心理准备状态。如果理想智龄大于或高于他的实际智龄，他的学习将十分困难（吃不了）；如果他的实际智龄早已超过他的理想智龄（吃不饱），对孩子也十分不利。

什么是最佳期限呢？维果茨基画了两条界限，即上限和下限。下限又称最低期限，必须达到某种成熟程度才能学习某种科目。例如不能教6个月的孩子学英语或者识字；又比如学除法，什么叫包含除，什么叫等分除，他必须有与小朋友分糖果的经验才能理解。

上限在哪里呢？对于教学来说，也存在最晚的最佳期，即

[①] 维果茨基在他的著作中，引用这些研究加了重点，见《维果茨基全集》第5卷，安徽教育出版社，2016年。

不能超过某个年龄段。例如上面提到的聋哑父母的孩子。俗话说的"临老学吹打，五音不全了"，已过了最佳学习年龄。维果茨基的学生，著名心理学家列昂节夫和鲁利亚，也说教学在一定的时期能给我们提供智力发展的巨大效果，过早的教学可能对儿童智力的发展产生不良的反应，同样过晚开始教学亦即长期缺乏教学会影响儿童的智力发展。

目前家长们超过上限的做法不多，像电视剧《虎妈猫爸》的那个妈妈，为了让孩子进重点小学，不惜牺牲孩子一年最佳入学时间，这是不对的。但更多的家长是对下限认识有偏差，说："早教嘛，越早越好！"还有的说："笨鸟先飞，我的鸟不笨，抢先一步，不就更比别的孩子优越了吗？"

我遇到不少小学教师向我诉苦，说现在的一年级小学生最难教，有的孩子刚入学已会2000多个汉字，加减乘除也学过了，有的却什么也不会（很正常），教师授课十分困难，会的很噼瑟，不会的一头雾水，连课堂纪律也很难维持。

三、关于智力的理论的指导作用

有一天我"混进"了一家早教培训机构，那里正在招生，接收的是5岁儿童，"心理学家"正在对报名的孩子进行智力测验，用的据说是他们改进过的儿童智力量表，能比较准确地测量儿童的智力，等等。量表不准家长看，且测量完马上收回，要保密。我旁听了几个"心理学家"与家长的谈话，就被

"请"了出来，因为只有孩子的家长才能听。

几个孩子测验的分数都在100分以下，"心理学家"就说必须进他们的早教机构，否则孩子上了小学，成绩会成为问题。然后动员家长报名参加培训班，收费相当高，大概一堂课要100元。我没有看到他们的量表，不好妄加评论。这里只想谈谈关于智力的实质，以便家长不被一些似是而非的所谓理论忽悠。

（一）什么是智力？智力可以测量吗？

什么是智力？100多年来心理学家关于它的定义，一直争论不休，至今也莫衷一是。但是在实践中，自从1905年，比纳—西蒙儿童智力量表产生以后，智力量表几经改造，五花八门。现在很多行业都在使用，比如招考飞行员，选拔各种人才，临床诊断，等等，且有一定的效果。但智力量表也存在不少问题，现在一些早教机构中流行的量表，不管它怎么改进，也还是有传统量表的一些特点。

我们认为传统智力测验的量表，至少存在以下问题：

（1）从测量的内容看：各种量表都是个大拼盘，它们由各种因素拼凑起来，彼此相对独立，看不出什么关系和结构，也抓不住主次和发展的阶段。例如量表中有注意力、记忆力、颜色分辨力、思考能力等项目，其中谁影响谁看不出来。我偷偷问一下孩子：老师考了你什么？他说一幅画，画了两盆花，一盆有只蝴蝶，老师问哪盆花是真花，哪盆花是假花。他说两盆都是真的，老师说他错了，后来再问问题，他就不敢回答了。

（2）智力量表中没有明确的质的指标，只是一些数字的集合。例如：同样的130分，陈景润得分的性质（理论思维）与赵丹的性质（艺术思维）截然不同，无法做比较。

（3）常模作为参考值的价值有限，其中有文化差异（例如民族、城乡，发达与欠发达地区，以及性别、年龄等都不一样），智力测验成了谁都说不清道不明的数字游戏。以前，我在广州师范学院工作，一位老先生就提出要建立一个数学学派，只用数字说明问题。为此，我们和他争论，先有质的规定性，才能做量的比较。他不同意，并以此成了他打压我们的借口。

（4）测验中被试的动机、对测验的期望、环境的心理气氛以及主试的态度，都应考虑进去，否则测验的可靠性会受到影响。

其他，如测验的信度、效度等，我们就不在这里谈了。总之，传统的智力测验即使可靠，也只能反映当前的水平，对孩子的智力发展能有多少帮助呢？由此判定孩子的发展前景，更是有害无益，智商分数并不能决定人的一生。

（二）一种全新的智力理论

前面的分析已经说明：早教要符合孩子的年龄特点，把握它的关键期，而不是只靠家长的良好期望。那么什么样的教法，才能事半功倍？怎样发展孩子的智力呢？并不是找到了起跑线，你就一定赢。决定输赢还在于怎样跑，也就是教材教法，教学环境、孩子的预期、积极性都要研究。

这里，我们专门介绍维果茨基的思想。

　　最近发展区是维果茨基创立的全新概念，对当前国际上关于教学和发展关系的研究有着十分重要的影响，我们举例说明。

　　我们面前有两个7岁的儿童甲和乙，他们都能独立地解答七岁组的测验题，即他们的智龄是7岁。但如果我们换上另外一些深奥一点的、难一点的题目，其中甲童在成人或比他强的同伴的帮助下，顺利地通过了九岁的测验题，而乙童却只能完成七岁半的题目，那么这两个儿童的智力是一样的吗？不，不一样，甲童有更大的发展潜能。这两个儿童有了不同的最近发展区（有人译作"潜在发展区"，这样更好理解一些），因此，最近发展区就是在有指导的情况下，借成人的帮助所达到的解决问题的水平与在独立活动中达到的解决问题的水平之间的差异。①

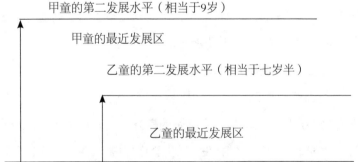

图2-1　"最近发展区"示意图

---

　　① 列·谢·维果茨基：《维果茨基全集》第5卷，安徽教育出版社，2016年，第25页。

了解这一点非常重要。第一，制约最近发展区的因素与儿童所处的微观社会环境（家庭、亲友、文化氛围）和他个人的特点（健康状况、兴趣爱好、对学习的期望）有直接的关系，家长不要只凭自己的预想和个人兴趣，就安排孩子学这学那，孩子不愿意从事的活动是不会收到效果的。

第二，最近发展区不是一个常数，最近发展区所测量到的一般指标，由测验题的特点决定。有的孩子没有测验出好成绩，但他很可能在另一些方面表现出更大的潜能，这就要求从更多方面去了解儿童的特点。笔者认识一个孩子，父亲是一位厨师，母亲也在餐厅工作，他从小就看他们做菜，有时还拿个小碗讨一点尝尝，大人戏称他为"小馋猫"。一个星期天，父母都上班了，只有8岁的他居然在家里弄出一桌子色香味形俱全的菜肴，让大人们惊讶不已。

美国学者考夫卡说：智力是"在追寻个人目标过程中投入和能力的动态互动"，也就是说智力是多样性的。每个人都有自己的特点，我们应该重视每一种心智的价值，给予其滋养的土壤，使其茁壮成长，家长不要只盯着孩子的分数。

第三，对孩子的要求应该和他的心理准备状态以及发展水平相适应：要求过高他无法做到，再累也完不成；要求过低，又使他丧失兴趣。我们习惯用通俗的说法，要让孩子"跳一跳"，跳起来摘果子，就是要求他要力所能及，又要有所不及，跳一跳又变成力所能及。

维果茨基不仅提出了最近发展区的理论，还指出了怎样创造孩子的最近发展区。他说对学校而言，重要的不是儿童已经学会了什么，而是他有能力学会什么，最近发展区就是确定儿童通过指导和帮助、教导和合作掌握尚未掌握的方面的可能性。也就是说重要的不是孩子已经学会了什么，而是通过教学，使他能学会什么。教学要看到儿童的明天，而不是昨天和今天。用教学创造学生的发展，这样在儿童发展中起决定作用的就是教学的方向、内容水平以及速度等诸多方面。

在此我们不打算多谈这些与教学相关的问题，只想说明：家长对孩子的发展要有预见性，当然为孩子选择优质的教育资源是理所应当的。

四、走进误区的原因分析

（一）孩子家长的问题

1. 当前孩子家长的状况

我们曾在某幼儿园做了一个小取样的调查，发现3~7岁的幼儿的家长基本上都是"85后"。

人到而立之年，孩子也上幼儿园了，多数人有一个孩子，也有的人准备生二胎或者已经有了第二个宝宝。他们自己呢？绝大多数是独生子女，在我们调查的比例中达到了85%以上，这些人的父母大部分都当过知青，接受过高等教育的也不少。至于家庭结构，核心家庭（父母和未成年子女）占40%，直系家庭（和父母及未成年孩子同住）占了58%，可以肯定，这种421的家庭（甚至有少数8421的家庭）中不少孩子的父母自身是在过度宠爱的环境中长大。他们不会做家务，也不会带孩子，在职场压力较大的今天，会遇到很多困难。

2. 父母对待孩子的态度

根据我们的调查，父母一般有以下心理。

（1）对孩子过度宠爱。

孩子是他们的"掌上明珠""心肝宝贝"。在家庭中，一切都以孩子为中心，"小皇帝""小公主"从此而来。对待孩子的要求，不管是否合理，不管自己经济承受能力如何，都有求必应，尽量满足。

（2）过高期望。

当然，盼孩子成才是每个家长最大的期望，也是时代的要求。但不少家长的规划有些不切实际，"不让孩子输在起跑线上"引发出来的误区就是最明显的例子，为此有些家长虚荣心膨胀，"爱面子"攀比心理不一而足。我们后面再谈。

（3）过度保护与照顾。

有的家长从来不让孩子劳动，让孩子衣来伸手饭来张口。笔者见过一个女孩，家庭经济条件不错，但是她很瘦弱，十多岁了，爸妈不在家时，只会烧开水泡方便面。还有更可笑的，有位留学生，想自己做饭，番茄炒蛋，是先放番茄还是先放蛋，搞不清，只好打越洋电话问妈妈。

有个小男孩，3岁多进幼儿园，不会吃饭，教师喂也不吃，吃了饭就生病。据了解，原来他从小都没有吃过别的东西，只会冲奶粉喝。父母是进城务工人员，赚了些钱，以为只有牛奶有营养，每个月的奶粉钱上千元，结果是孩子胃中的淀粉酶等酶体没有发展起来，以致不能消化除了奶蛋白以外的其他食物。

（4）过度依恋孩子。

爱孩子是动物的天性，但过度依恋成了一种心理压力。有的孩子一生点小病，父母就如临大敌，六神无主。有一个全职妈妈，孩子上了幼儿园，她不放心，觉得无所依傍，天天站在幼儿园的墙外偷看孩子的活动，甚至进去干预教师上课。还有个妈妈因为孩子上了学，就患上了抑郁症。更有甚者，一个妈妈在孩子生病死亡后，竟自杀了。

（二）孩子家长的措施

总的来说，就是三句话：不辞劳苦地培训，不惜人力地陪读，不计成本地择校。

1. 要尽早给孩子良好的教育资源

一些家长认为培养一个早慧的孩子，要尽快让他学习更多的知识、技能，开发他的智力，于是让孩子参加各种早教学习班、特长班。

笔者一个学生的儿子，3岁起，就请名师教钢琴、学跆拳道、绘画、唱歌等，同时进了六种学习班。当爸爸的"胡萝卜加大棒"，妈妈辞职当全职主妇来培养孩子，母子俩连星期天也要奔波在去学习班的途中，结果呢，孩子被压得透不过气来，有一天竟然拿锤子把琴键砸坏了。孩子说，我没有输在起跑线，而是累倒在起跑线上，这不是拔苗助长适得其反吗？有资料统计，珠三角地区60%的家庭给娃报班的年花费起码在5000元以上，有的家庭并不富裕，自己节衣缩食，都要让孩子上高价培训班。

我们在小学和幼儿园都发现了多起厌学而致生病的例子，难怪人们感叹如今城市的孩子什么都有，就是缺少快乐的童年，厌学情绪低龄化，是值得我们警惕的。

有的家长提出：进入小学之前让孩子参加学前班或辅导班，不就是想让孩子在起跑线上抢先一步吗？入学后，星期六与星期天又给孩子报各种补习班，认为这样孩子掌握知识更容易，更轻松了。《人民日报》《中国教育报》以及新民网、澎湃新闻等各媒体却给我们提出了另外的结论。

著名心理学家维果茨基为了说明最近发展区的动态性质，曾经进行过一系列的实验。这里我们仅举其中一例。维果茨基把儿童分成四个组：

第一组是学前期进行过识字学习且智商高的儿童A组。

第二组是学前期进行过识字学习的智商低的儿童B组。

第三组是没有进行过识字学习的智商高的儿童C组。

第四组是没有进行过识字学习的智商低的儿童D组。

现在把A组的孩子放在一个全班都识字的班里学习，把B组放在全班没有接受过识字教学的班里学习，把C组放在识字班里学习，把D组放在不识字班里学习，结果发现：A组和D组的绝对学习成绩即与同班同学比，和相对学习成绩即自己同自己比，都好。而B组的孩子绝对成绩较好，但相对成绩较差；C组的绝对成绩差，但相对学习成绩好。（见表2-1）

表2-1　上过学前班和没有上过学前班的孩子进入不同班的情况

组别	智商	进入班级	绝对成绩	相对成绩	符合	最近发展区大小
A组识字	高	识字班	好	好	√	大
B组识字	低	不识字班	好	不好	×	小
C组不识字	高	识字班	不好	好	×	小
D组不识字	低	不识字班	好	好	√	大

维果茨基认为影响孩子最近发展区的不是智商的高低，而是学习的内容是否符合孩子的水平，"吃不饱"（如B组）和"吃不了"（如C组）都不能使孩子的最近发展区增大。从上面的实验看，如果上过学前班的孩子进入一个全班都上过学前班的班，可能对他有好处，但是这样的情况并不多。

维果茨基说："对学校里智力发展变化和儿童学校学习成绩的提高起决定作用的不是智商高低，即今天的发展水平，而是儿童对学校提出的要求同他的准备和发展水平之间的关系。"他还说：影响孩子学习最关键的不是学得早，而是学习习惯和学习兴趣的养成，这才会让孩子受益终身。

由此可见，家长们没有必要抢报五花八门的学前班，补习班更是如此。打一个通俗的比方，好比孩子正餐不好好吃饭，饭后用零食充饥。下面笔者再择录《人民日报》和《中国教育报》的观点进一步说明问题。

上海市教委发布的第三期"小学一年级学生学习情况"专项调查提示：没有上过辅导班的学生在学习基础素养多个维度上的表现要好过上过辅导班的孩子。参加过辅导班的孩子在生活自理、主动性专注和坚持、身体健康情绪和睡眠适应性上低于没有参加过辅导班的孩子。而没有参加辅导班的孩子仅在知识适应性上（如拼音、识字、写字、数学学习和英语学习）低于参加过辅导班的孩子（另一份资料说明这种优势最多只有两个月）。上海市教科院普教所博士夏雪认为，从长远来看，孩子健康的身心和良好的学习品质才是其可持续学习的重要基础，而非一时的知识储备。

换句话说，不必"抢跑"，零起点一样可以领跑校园。

（1）零起点更有利于尊重孩子学习的兴趣和爱玩的天性。

（2）零起点更有利于养成良好的学习习惯和能力。

（3）零起点更贴合"育人"本质，让儿童满怀对世界的好奇，轻松愉快地出发，更关注儿童个性的发展。

（4）零起点更有利于人的持续发展，孩子在学前期本来就已经有很多的生活积累，可以引导他们好好学习。

因此，家长们对辅导班应理性选择，切忌拔苗助长。

学习兴趣和习惯，才是培养重点，不要一味追求分数，除非孩子在某方面有特别的天赋，不然就不要盲目跟风报班。

遵循成长规律：所谓不要输在起跑线上的观念，实际上是"催熟"孩子，教育是一个没有起点也没有终点的马拉松，应该让孩子在成长中慢慢地进步，犯点错误也是正常的，一定要让他们有一个快乐、自由、幸福的童年。

与其给孩子报补习班，不如更多地用亲情关注孩子。我们在前面也说过，学前期，孩子有许多学习的敏感期，激发他们的好奇心以及对知识的兴趣比什么都重要，我们下面还要详细论述。

家长应与学校保持良好的沟通，配合学校做好工作，我们最终的目的是教会孩子学会生活，学会学习，学会做人。

2. 迷信广告，乱吃补品

有的家长相信广告吹嘘的什么"脑×金""聪明奶"之类的东西，说吃了变聪明。一个奶奶几乎每天都炖一只鳖鱼给孙子吃，一个妈妈给孩子打苯丙酸诺龙（俗称"肥仔针"）。其实健康的孩子并不需要，儿童生长发育是正常的生理过程，不宜以保健食品进行干预，而应以合理平衡的膳食干预，特别是针对少年儿童、孕妇、乳母等特殊人群的所谓保健食品，更应严控。吃多了补品、打多了激素的孩子，6岁竟出现了第二性征。

（三）培训机构的炒作

各种早教培训机构的出现，顺应了时代潮流。问题是有些人对此进行炒作，使问题起了质的变化。有人说现在老人和孩子的钱最好赚：儿女孝顺，常被各种保健品、保健器材的广告忽悠，给老人买；孩子可爱，要给他们最好的教育。于是，各种名目的早教班、培训机构都出尽办法，例如什么记忆训练班，能让孩子一目十行，过目不忘，能一天记多少个单词，背多少首唐诗，甚至一个星期就成了诗人。幼儿英国皇家英语，全部外教"上阵"，还有什么学×思、奥数等等。

培训机构的炒作摸准和利用了家长的一些心理：

（1）期望心理。家长都希望能通过训练班的学习，使孩子变得聪明，掌握更多的知识技能。

（2）攀比心理。有的家长喜欢"晒"孩子，特别有客人在的时候，让孩子背诗、唱歌、写毛笔字等等，有的家长很羡慕，也就跟着报名，其实是在满足自己的虚荣心，这是一种畸形的攀比心理。

（3）从众心理。家长往往会看某个"牛娃"上了什么班就跟风报名，学总比不学好，随大流吧，反正也不差这点钱。

（4）焦虑心理。孩子进步不大，家长焦急，有些培训机构的教师专挑孩子不会的问题提问，使家长觉得自己的孩子不行，火上浇油，不仅炒作焦虑甚至涉嫌诈骗。

一些房产中介也加入炒作，他们的公式是：人生是一种选择，学区房=优质的教育资源=孩子美好的未来。这使得又旧、又小、又贵的学区房变得一房难求。一个家长说，人家的住房是越换越大，我们为了孩子读书，房子却越换越小。人家的孩子都这样，我们不能落后于人，将来跟不上就害了孩子一生。

最使人啼笑皆非的莫过于组织"状元游街"的事，2015年7月20日，山西晋城，皇城相府2015年全国高考状元的敕封典礼在这里盛大举行，来自甘肃、吉林、内蒙古、山东、河北、河南、山西等7个省、自治区的10名高考状元接受"康熙皇帝"敕封，敕封后还举行了盛大的状元游街仪式。

穿官袍骑游街市，十分威风，这是对封建科举制度的一次克隆，不知是谁想的馊主意，完全是功利心的一场疯狂表演。

事实上，科举制度发展到清朝，其弊端已经暴露无遗，这种炒作，是范进中举式的幽默，以此来刺激家长的虚荣心，也真想得"周到"了。

归根到底，都是靠"吹大"家长的焦虑"泡泡"和所谓望子成"龙"成"凤"以牟利罢了。我这里收集了几个数字很能说明问题。

（1）广州××路的×宝贝早教中心，教师水平一般（不管是外教还是本地教师，都只是幼师出身），给孩子上课，无非是触摸、攀爬、游戏、做运动、认识事物和人，外教用英语教课，孩子听不懂（才1~2岁啊！），有人在旁边翻译及协作，小班教学，只有8个宝宝。这些活动孩子在家里就能做到，如此简单的45分钟一节课，收费却高达170～250元。

（2）广州智慧堂少儿国学中心的张院长向记者透露，早教中心的利润率整体远高于普通幼儿园等组织，因为它的单位运营成本较低，收费较高，但技术门槛并不高。所以开办早教中心，追逐利润是其主要目标，一般毛利率高达80％。据国学中心的同行透露，广州的早教中心，每年应可赚取50万～100万元。

难怪这么多人一窝蜂地投进早教市场。那些标榜什么外国教育企业在华投资的分支机构，实际上与英国、美国等资深早教机构没有什么关系，而是国内一实业集团或国营教育机构的创收运作。一些小型的早教中心的老板基本上是普通个体经营者，对于早教事业既无经验也无兴趣，只是追逐利润而已。

五、培训机构的理论站得住脚吗？

（1）智力开发越早越好。一些早教中心的销售人员，捡来一些"洋垃圾"理论，如说人的大脑发展，三岁时就达到50％，七岁时再增加30％，少年期再加20％，以后就不长了，因此早教多么重要，以此忽悠家长。实际上这只是一家之言，在世界上并没有得到广泛的认可。当然，早教对于儿童的智力发展有显著的推动作用，但这个所谓的百分比并无实验证据，医学界、心理学界都没有这方面的文献。

（2）所谓开发右脑的功能，一些早教机构说人的右脑目前只用了5％，潜力很大，他们用了一大堆什么催眠、冥想、健脑操以及心灵术等貌似科学的名词术语说可以训练孩子，但实际上对孩子的大脑并没有产生什么实质性的改变。人的左脑、右脑是相互联系的，不存在单独开发哪边脑皮层的方法。维果茨基在他的《心理学与心理机能的定位学说》提纲中明确提出了高级心理机能的系统动力定位的思想，他的学生鲁利亚进行了大量的实验研究，指出：任何一种心理现象都是脑的各个部位协同活动的结果，额叶则是人的高级心理活动主要的物质本体。美国联合学院心理学家克里斯托弗·查布利斯博士说：提升脑力的第一要务竟然是"减少被骗"，因为几乎所有"释放你的大脑潜能的方法都是忽悠"。

美国儿科神经病学家彼得·L.海尔布伦博士也指出：不应在这些未经证实的训练或治疗上浪费时间和金钱。有个弱智儿童，每月花6000元，连着做了6~12个月后，未见孩子的智力有明显的提高。

（3）早教中心强调学习艺术课程如音乐、唱歌、舞蹈等能培养孩子的情商、智商以及优雅的行为。这点我们不否认，但要根据孩子的特点、兴趣等决定，有些教养在家庭中也能做到。也有资料表明，艺术课程也并不如此神奇，美国阿巴拉契亚州立大学教授肯尼思·斯蒂尔等人对125个学生进行研究和测试后认为，听莫扎特的音乐并不能增加智商和健康，没有足够的证据支持听古典音乐能增进儿童智力，家长应该保持理性才好。

（4）早教中心还说，发达国家都十分重视早教，孩子的艺术修养、体育素质等等都在早教中心获得。事实如此吗？笔者访问过俄罗斯、日本及美国等国的教育机构，情况并不是这样。例如美国，儿童一般在5岁以后才到早教机构去，并且不普遍，妈妈上午9点送去，下午3点就接回家。

可以这样说，早教是必要的，但早教与早教机构是两回事，是否一定要进什么培训班就应有所选择了。

推进优质教育资源的均衡，丰富优质教育资源的供给，政府正在努力，特别是党的十九大已经明确地指出优先发展教育事业的重要性，从根本上打破不健全、不完美的教育生态。从目前的情况来看，这些什么培训、补习等对孩子成长和学校教育秩序的确产生了不良影响，但也应从教育自身反思教育发展不平衡、不充分的问题，最近全国人大会议对此已做了很多的研究。教育部党组书记陈宝生最近指出：下一步，学前教育将继续扩大普惠资源，力争2020年学前教育毛入园率达85%，普惠性幼儿园达80%。笔者认为，农村儿童的早期发展更应该被关注，这关系到未来我国的劳动力与人口素质。

第三章　孩子必须和同龄人一起成长

一、问题的提出

最近媒体多次报道了一些家长由于不满现在的教育制度而让孩子退学在家自己教育的事例，还报道了不少地方开办各种私塾招收学生，不参加义务教育的情况。

例如，河南商丘工学院2017级就招收了10岁的小女孩张易文，她的父亲张民竣对记者说，他和妻子对张易文实行的是"私塾式"教育，从4岁开始，小易文就接受双亲"手把手"的教学，妈妈教英文，爸爸教语文和数学。在张民竣规划的时间表里，女儿20岁时理应得博士学位，并进入研究机构或高校工作。在张民竣看来，学校教育过于应试，"应试"教育的学生都有点蔫，没有敢想敢干的精神！

四川泸州，20岁姑娘李婧磁对媒体说，她在父亲带领下进行多年的科研项目已取得成果。11年前她的父亲李铁军，一个中国化学工程第七建筑有限公司的工人，以"娃娃到学校学不到东西"为由将她领回来，一直坚持自己"在家培养女儿成为科学家"的教育理念，但女儿至今都做不完一套完整的初中试题。

袁鸿林，北大历史学硕士，从学前阶段开始就对女儿进行古典文学、历史和英语教学，并且坚持"以语言教育为核心，培养孩子强大的思维能力"，他还不遗余力地推广自己的教育模式。几年来，在绍兴、嘉兴、深圳、惠州等地开办私塾，他表示，"通过我的教育，只要一百天，语文、英语零基础的孩子就能得到质的飞跃"，并认为他的教育模式是集"超前"和"素质教育"于一体的。

何烈胜有着自己与众不同的育儿目标。儿子多多4岁在爸爸的带领下，就参加了在美国纽约零下13摄氏度的天气里裸跑迎新春的活动。还在青岛参加国际op级帆船赛，15个小时攀上日本的富士山，5岁架飞机飞越北京野生动物园……2016年，多多又和他的爸爸同时参加南京大学的自考。几年前，何的公司的一个会计的女儿（初中二年级）因为周末老师发了27张试卷，孩子起早贪黑也没完成，被其父打了一顿。何烈胜知道后，就把儿子从学校领回来，自己办了一个"公学"，实施自己特殊的教育方式。他认为基础知识不必学得太深，"你看我们初中、高中学的很多东西，工作了根本用不上"。他要把儿子培养成一名企业家，说从儿子4岁起就开始规划这条路。

记者说他见到多多时，多多是一个可爱的男孩子，不害羞，表达流畅，思路清楚，依然保有和同龄孩子差不多的单纯，他说多多每天超过8小时学习各种知识，包括体能锻炼和素质学习等。

现在是多元化社会，上述教育方式作为试验都是可以进行的，但作为成果，上面的例子为时尚早。以此做正面宣传，让一些人跟风就更值得商榷。

还有在"半部论语治天下"的古训下，社会上国学热风靡一时，各式各样的国学班、读经班办得红红火火，许多父母想把孩子送进国学班"镀金"，甚至有人放弃了义务教育把孩子直接送进国学私塾中。当然，孩子从小接受国学教育，有助于孩子加深对中华文化的理解，让教育更加个性化、多样化，是值得肯定的。但有些人打着国学班的招牌牟利，教育质量无法保证，虐童的管理事故还时有发生。

尽管义务教育、学校集体活动有许多不完善之处，但笔者认为，从教育社会心理学的角度看，"在家上学"恐怕还是弊大于利。第一，"在家上学"缺乏系统化学习知识的机会；第二，缺少了让孩子与同龄人一起成长的环境。应该肯定地说，与同龄人一起成长是每个人身心健康成长的先决条件，是个性社会化的基石。

我们先从知识掌握的情况比较这两种教育方式的利弊。

（一）班级授课制是时代发展的必然

资本主义生产的发展对人才数量与质量的新需求使得过去的个别教学受到挑战。16世纪捷克教育家夸美纽斯创立了班级授课制，至今已经超过四个多世纪，全球都在实行，不断受到质疑的同时也不断进行改革，至今已发展出许多模式。

作为班级授课制，它的组成有几大特点：

（1）成员的相似性，即学生的文化程度、年龄、教学任务都是相近的。

（2）组织的严谨性与强制性，一经编班就相对稳定。

（3）活动的目的性和计划的一致性。

（4）教师的权威性。

班级是儿童少年主要的社会环境，他们要在这里获得知识、培养个性、实现社会化。组织良好的班级，就是一个优良的学习集体。

上面几个例子还有一个严重的问题，就是不学或者轻视数理化，在现代社会这是绝对不应该的，孔子当年都提倡礼乐射御书数六艺呢。教育的基本功能不仅是系统化地传授知识、技能，更重要的是让孩子与同龄人一起成长，离开同龄人群体，长大了会产生许多心理障碍，下面我们主要谈这个问题。

传统的班级教学也有弊病。传统的课堂只是个体活动的复合体，而不是一种群体的共同活动，更没有看到课堂社会的集体力量。学生被动地接受，师生在课堂上没有或只有很少的交流，每个学生只看到同学的后脑勺，师生提问也是一对一的，"填鸭式""满堂灌"是这种教学模式的特点，所以难怪有些家长对这种授课制度不满，认为不利于孩子的发展。

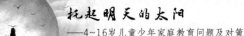

（二）教学是最系统的交往

维果茨基把教学看成是最系统的交往，他说"作为交往和它的最系统化的形式便是教学"。这句话一针见血地揭示了教学的交往本质。那么教学有什么样的功能呢？

（1）教学的信息加工与增值功能。从信息论的观点看，教学是一个信息传递的过程，包括信息的输入、加工、转换和输出。教师作为信息主要的携带者，通过教材、教法将知识传递给学生，而学生作为知识的接受者，在自己经验的基础上通过理解把知识纳入自己已有的知识体系中。这一过程是双向的、师生互动的，而最重要的是：师生在互动的过程中对信息进行加工、深化和增值。大文豪萧伯纳说得好：如果你有一个苹果，我也有一个苹果，我们交换一下，各人还是一个苹果。但如果我有一种思想，你有一种思想，我们交换一下，便各有两种思想或者会迸发出第三种或更多的思想来。因此，在教学过程中师生的交流、同学间的交流都是十分重要的。这就是为什么课堂上的讨论，师生间、同学间的切磋就能使信息增值。这些一个人在家学习能做到吗？

（2）教学能促使师生的态度转变和个性形成。信息加工过程总是带有某种情感的。学生之间实现着观念、思想、兴趣、心境、目标的相互交流与转变，当知识转化成信念的时候就会强有力地影响着学生的个性。

（3）人际协调和自我调节。在教学过程中，师生形成了某种共同的观念、行为规范，就会成为彼此行动的调节器，学生也会因此调节自己的行动以体会集体的要求并且形成一种竞赛的心理气氛，有利于调动师生的学习积极性。

（4）教学创造着学生的最近发展区。维果茨基在谈到这点时，用了"创造"这个词，是有其积极意义的。由于教学交往的内容具有明确的目的性与系统性，教师通过教学给予学生系统的知识、技能、新的思想观点，促进学生的智力发展。教师在平等、尊重与民主、合作的基础上与学生双向的交流大大地激励了学生的积极性，从而使学生的智力、个性得到发展。

一个小学教师给笔者讲了她一堂成功的课例。一天，她教学生古诗"锄禾日当午，汗滴禾下土。谁知盘中餐，粒粒皆辛苦"。为了让学生更好地理解，她放了一段农民插秧的录像。这时一个学生说，放假了爸爸带我回湖南乡下，那里都不用插秧，都是抛秧；另一个同学说，抛秧也是手工劳作，电视里播的都是用插秧机，"咔嚓"一行，"咔嚓"又一行，效率可高啦；一个学生接着说，机械化还能增产呢；又一个学生说，我在电视里见到袁隆平爷爷了，他发明的杂交水稻，可以让两亿人吃饱一年，多了不起；来不及举手，一个学生大声叫起来，我也在电视里看到了，习大大给科学家颁奖状，还有他呢。学生们争相发言，从个体劳动讲到机械化，讲到科技发展，讲到现代化，讲到中国梦。这堂课在孩子们热烈的讨论和对祖国的未来的欢笑中结束了，这对于才小学三年级的孩子真不简单。

这就是集体教学的优越性。维果茨基的学生赞科夫非常强调"课堂社会"，也就是说，课堂并不是一个纯空间的概念，不只是师生活动的场所，而是一个"社会"，它具备了"社会"的各种社会心理特点。正如我们前面说过的，教学是一个交往的过程，三个主体（教师、学生、环境）在相互作用时，需要有一定的集体心理气氛，才能进行信息交流，思想互动，掌握知识技能与形成个性。

由此可见，个别教学不可能产生这样的课堂心理气氛，也不可能达到这种集思广益的效果。

二、有关个性社会化的思考

（一）社会化

人出生就进入群体中，他既属于一定的大群体（他随父母成为某一大群体的成员，国家、民族、阶层乃至政党等），同时也属于一定的小群体（他所在的家庭、社区、亲戚朋友圈等）。要成为这个社会的成员，他必须实现社会化。

社会化的含义包括以下两个方面：

（1）从个人的角度说，是指个人在成长过程中通过掌握符号系统（主要是语言、各种记号）来接受社会经验，从而使自己在社会结构中占有一定的位置，充当一定的角色，进行一定的社会活动，以便积极地再现社会经验的过程。

（2）从群体的角度看，指一个社会或民族通过社会教化对其成员进行塑造，从而使社会经验得以传递和更新的过程。

一个人在学习知识、技能和掌握社会规范以及再现它们的过程中，既要达到与其他成员的同一化，又要确立自我形象完成个性化，也就是说人的个性化与社会化是同步的，即个性化形成的过程就是社会化过程，而这一过程是在群体中实现的。离开社会，离开群体就不能社会化，也就无所谓个性化。俄罗斯心理学家安纳耶夫写道："人的生活道路是在一定的社会中某个个性形成和发展的历史，是一定的时代中某个同时代人和一定的时代中某个同龄人的历史。"这是我们关于社会化的最基本的观点。

（二）个性化

我们关于个性本质的认识，是以马克思主义关于人的本质的学说作为出发点的。马克思指出："人的本质并不是单个人所固有的抽象物，实际上它是一切社会关系的总和。"他还说人的个性乃"是人的社会特质"。

因此，个性的定义是：一个人在自然素质的基础上，由于社会的影响，通过人的活动，低级心理机能不断发展，形成了高级心理机能，从而形成的比较稳固的心理特点的总和。

这个定义有几个要点：一是自然素质，包括作为劳动工具的手、言语器官，特别是大脑，对人的个性形成至关重要，是个性形成和发展的自然前提、物质基础，它是一种可能性；二是社会影响，这是个性起决定作用的因素，离开社会，个性便失去存在的基础，社会影响，换句话说，就是人际关系系统；三是活动的中介作用，同时表现出人的积极性。

由此可见，个性的内容是社会生活的反映，它形成的因素表明，个性一刻也不能离开社会文化历史条件，或者我们明确地说，个性发展的动力，就是在人的交往中形成，是社会人际关系系统的产物，是文化发展的结果。

这就是我们关于社会化和个性化的主要观点。

三、在个性社会化过程中最重要的因素

（一）言语与交往

人出生后，就参与了客观世界的活动，这种活动有三种方式：一是与物打交道，即人作用于物的主—客体的对象活动，如喝奶，人作用于奶和瓶子，和物打交道总是与人打交道连在一起的；二是和人打交道，即主体与主体的相互作用，我们称之为交往；三是自己和自己打交道，也就是自我调节。这三种活动方式是相互联系的。人通过活动认识和改造周围世界，获得物质财富，掌握人类社会的知识经验，形成和改善自己的认识能力和个性品质。而这一过程，必定是人结成一定的群体，构成一定的人际关系，才能进行社会活动，没有人能离开人类社会的历史经验与物质而生存，特别是今天的大生产活动，人总是要与别人打交道（交往），组成各种生产关系（人际关系）才能实现物质生产与精神生产。而人们为了能顺利地和别

人进行合作与竞争，就必须按照社会规范和行为准则，根据自己在群体中的身份和地位以及群体的评价来调节自己的行为，也就是自我调节。

当然，最初的交往对婴儿来说只是被动的，由生物性需要引起的。幼小儿童最初与成人的交往只是情绪性的，随着儿童动作的发展和言语的掌握，幼儿与成人实现着对象—动作交往，并逐渐学会以言语作为工具的直接的情境交往。幼儿通过交往，模仿成人的动作，掌握简单的技能与形成一定的人类生活模式（例如儿童的"过家家"游戏）。到了学龄期，"小学生"的身份使儿童必须承担一定的社会责任，这时学习成为儿童与成人交往的主要形式，儿童通过有目的、有指导的交往，掌握科学知识技能，逐步形成自己的个性。小学生和同龄人的交往也在发展，从"玩伴"到根据一定的标准（如兴趣与爱好）选择交往伙伴，并且掌握一定的交往准则。

到了少年期，我们上文已经分析过的"成人感"的产生使他与周围人的交往与相互关系发生了重大的变化。少年们除了规定的活动（学习、团队活动）必须与成人（如教师、辅导员等）交往以外，对父母开始疏远，因为这时他想竭力摆脱成人的控制。与同龄人的交往成了他独立的生活范围，不愿受成人干预。少年这时总是紧张地找朋友，被同龄人接纳，成了他在群体中地位的标志，因为与同龄人在一起，他才有一种归属感、民主平等的主人翁感。他需要跟自己的朋友说知心话，探讨和争论各种政治的、科学的、生活的问题，还有成人不肯告诉他们的那些与性成熟有关的秘密。也就是说，共同的需要、兴趣与爱好是少年交往的基础。

学习活动的多样化，公益劳动的增多，大众传媒的发展，特别是网络游戏的层出不穷，使少年的交往圈远远超出了学校和家庭的范围，课余科技小组、文化团体、少年体校等都成了少年交友的场所。

但是，少年情感的丰富性与是非判断能力不高的矛盾使得他们在交往中常常片面地理解友谊，如不讲原则的"哥儿们义气"、包庇朋友的缺点等常让成人（主要是父母）担心，从而干涉他们的活动。

到了青年期，智力开始接近高峰，个性也大致定型，个体即将开始或者已经成为一个独立劳动者，脱离家庭走向社会。"使命感"（或称社会责任感）成了这一时期主要的心理特点。他的社会角色、交往观念、交往需求与动机以及交往范围都发生了很大变化，获取新信息，追求友谊、爱情以及事业的成功是他们的主要生活内容。交往的发展乃是青年人社会成熟的主要标志之一。

由此可见，交往对人的影响表现在人的心理活动的一切方面，其中最重要的就是形成个性，此其一；其二，交往是以群体的形式进行的，一个人如果长期脱离群体，脱离交往，过着孤独的生活，他的个性就会出现巨大的变化。哪怕是交往不畅，其不良影响也是使人担忧的。

言语交往主要是借助于言语进行联系、接触，从而产生心理上的相互影响的过程。维果茨基说："言语首要的功能是沟通。""言语首先是社会交往的手段。"

随着儿童的成长，他逐渐掌握言语及整个符号系统，他的社会经验日益增长和丰富，在有计划的教育和教学过程中实现着社会化和个性化。

（二）社会环境

什么是环境？从心理学的角度看，所有存在于人的心理、意识之外，对人的心理、意识的形成与发展产生影响的全部条件都称为环境。环境可分为自然环境和社会环境。自然环境又可分为天然自然与人造自然，它们对人的个性形成都是有影响的。社会环境又可分为宏观的社会环境与微观的社会环境。社会环境是人的心理、意识的内容的主要源泉，对人的个性形成起着决定性的作用。宏观社会环境是指人所处并与之发生相互作用的客观现实中的大群体和各种传播手段，每一个大群体（如国家、民族）在长期历史发展过程中都形成了一套社会行为方式，包括服饰、礼仪、饮食、婚丧嫁娶等有别于其他国家和民族在认识、情感、意志、性格等方面比较稳定的特点，并且通过社会教化一代一代地传承下去；宏观社会环境还包括另一种比较不稳定的方式（如群体的需要、兴趣、利益、舆论、态度等社会心理），它会随着该大群体的经济利益、社会地位、政治处境、文化时尚等变化而变化，它总是通过大众传播向广大群众提供信息、知识、观点、文化娱乐及广告等活动。

大众传播承担着最重要的社会职能，即对人的行为倾向性进行指导与调节。这些对于我们这个时代的青少年的影响都是大致一样的，我们不打算详细地分析，在这里我们只谈集体学习与个人在家里学习的孩子的区别。

作为儿童群体的组织（如教学班）是儿童最主要的微社会环境，孩子们每天至少有八个小时在一起，在这里学习、交友、相亲相爱，达到个性成长，有快乐、有争论，有成功的喜悦，也有遇到失败的挫折感。正如维果茨基说的：环境是教育过程的杠杆。所谓杠杆，就是一种推动力。怎样推动的呢？

第一，环境是以群体的社会期望、规范以及行为准则的形式出现的，而个别学习怎样体现群体的要求？

第二，环境是教育过程的支点，像杠杆原理一样，要找到一个支点，例如撬动一块大石头，如果你能在棍子下适当的地方垫上一块小石头作为支点，撬起来就容易多了。马卡连柯在教育流浪儿童时，他就善于用支点，这个支点就是集体舆论，即利用集体教育个人。请问，一个人在家学习，你怎样找到这个支点呢？

第三，社会环境的影响是通过人的活动、交往与社会实践作为中介实现的，个人在家里学习，以上问题怎样解决？有家长说，我也带着孩子找朋友玩，并不是没有交往，但孩子的朋友是有他自己的群体的，与你的孩子有多少共同语言？与游离在群体以外的你的孩子能一样吗？

更重要的是，在人的心理发展过程中，人与环境呈现出十分复杂的关系，人的活动在不断地变化，客观环境也在不断地变化，主观总是处在不断变化之中。人的心理由此构成一个多结构、多层次、多水平的复杂系统，环境也是一个多结构、多层次、多水平的主体。

马克思说："人创造环境，同样环境也创造人。"也就是说，人是环境影响的客体，但他并不只是接受环境的摆布。作为主体的人，他总是对那些作用于他的刺激物体现出积极性与选择性，即当人与客观世界相互作用并积极地对待客观世界时，他同时也在改变环境，改变环境对他影响的性质，人成了环境的主人，成了改变环境的力量。人的发展是可能性向现实性的转化，同时又是现实性向新的可能性的转化。这就是人的主观能动性，它是人最高层次的内因。我们祖国伟大建设的成就如世界最长的跨海大桥港珠澳大桥、航天工作站等无一不是这种改变环境的伟大实践。

那么，环境对人的影响以及人对环境的态度是怎样起改变作用的呢？

环境对人的影响的大小是以人的态度为转换的，这首先表现在人对环境的认同感上，其中目标认同是最主要的因素。我国走的是具有中国特色社会主义道路，对国家的高度认同能使我们发挥最大的正能量。儿童对他所在群体的认同，就能使他产生归属感，以此作为他的参照群体（或称榜样群体），他就会成为这一群体的积极分子。

环境的影响力以人在群体中的地位与贡献为转移。每个人在群体中都受到群体的肯定。不参加群体或者不愿意在群体中做出贡献的人，他的人际关系肯定是不良的。我们碰到一些家长，总是要求教师不要让孩子当班干部，认为会影响学习，影响成绩的提高，这种做法其实是错误的。

学会学习不是死啃课本就可以达到的，我们过去在中小学搞实验教学时，就强调要培养学生的十种能力：听、说、读、写、推理、表达、组织、创造、交往和应变能力。我们必须改变传统观念，如果还把孩子关在狭小的天地里，即使知识学得再多，能适应时代的需要吗？

（三）自我调节

自我意识就其内容来说是内化了的社会意识，是人的独占品，是人与动物心理的最后分界线。人的个性如兴趣爱好、能力、情感、意志、性格、理想、信念、世界观与道德行为都是受人的自我意识制约的，一个人能根据自己在群体中的自我感觉来调节自己的思想与行为以适应群体的要求就是自我调节能力。

什么叫自我感觉呢？就是一个人在群体中的自我评价、

对他人的评价以及他自己体验到的别人对他的评价，这三者联系起来就构成了人的自我感觉。自我感觉是一个压力表。人总是在根据这个压力表的刻度不断地通过活动与交往校正它。缺乏自我调节能力，人就不能在群体中正常生活。一个人在群体中被同伴"挑选"与"推崇"愈多，他在群体中的地位和自我评价就愈稳定，相反，被群体嫌弃和疏远的人，他会缺乏安全感，甚至与群体格格不入。

总之，孩子在他的同龄人群体中学习、生活，有欢笑、有烦恼、有失败，甚至争吵、打架，他都会在其中学懂各种游戏规则、社会规范，学会与人相处、收获友情，找到他的参照群体，从而学会学习，学会生活，学会做人。维果茨基说：高级心理机能是从集体的社会行为中产生的。人的社会化过程必须在社会中进行，这就是我们的基本观点。

《国家教育事业发展第十二个五年规划》中提出，到2020年我国要基本实现教育信息化，要大力发展"三通两平台"，即"宽带网络校校通，优质资源班班通，网络学习空间人人通，建设教育资源公共服务平台和教育管理公共服务平台"。这样你把孩子带回家教育，不仅得不偿失，而且是个大错误了。

四、共同活动对人的个性形成与发展的中介作用

（一）共同活动的概念

上文我们已经说过，人出生后，参与客观世界的活动有三

种形式，即与物打交道、与人打交道（交往）、自己与自己打交道（自我调节）。不管哪一种形式，都是人们之间共同协作进行的，这便是共同活动，也就是说，共同活动乃是指两个以上的人为了满足彼此的需要有目的地作用于客观事物而实现的互相配合的动作系统（回家跟父母学习，上私塾也是一种共同活动）。共同活动就会产生一系列社会心理现象，如暗示、模仿、感染、舆论、心理相容或心理冲突等，这些心理现象实际上都是后天习得的，因此它是人积极性的源泉，是人个性发展的重要动力。

维果茨基十分强调共同活动对人的心理发展的重要作用。儿童的心理最初就是通过与成人的共同活动发展起来的（当然那是被动的，最简单的），随着儿童成长与心理的复杂化，如他在游戏中与同龄人一起互相配合，模仿成人的社会生活，从而促使自己个性发展。所以维果茨基指出："个性是通过他在别人面前的表现才变成自身现在这个样子，这就是个性的形成过程。"

（二）共同活动的中介作用与功能

学生在班集体（现在时兴用"团队"这个词）中，通过共同活动为中介，实现着以下功能：

（1）掌握知识的功能。学生们通过共同活动，以个体经验的形式掌握和再现社会历史经验（包括知识技能、交往等），从而形成个人意识系统。维果茨基指出："内部的心理过程是人们外部的集体活动被改造了的形式，是人们合作的结果。"我们在上文中已经举例说明了。

（2）发展个性的功能。由于共同活动目的的一致性以及分工合作与责任分担等一系列特点，使学生在活动中获得表现才能的机会，锻炼了独立性、创造性、主动性与纪律性等个性品质。这点却是"回家学习"不容易实现的。

（3）协调人际关系的功能。共同活动产生人际关系，还要组织这些关系，黏合这些关系，以建立和发展师生与同学间的友谊。"回家学习"缺少了一个团队，即使你有时找"朋友"交往，但是缺乏丰富多彩的活动，没有这种互动，是不可能实现的。

（三）怎样使共同活动更有效

（1）让学生有活动的需要，通过共同活动培养学生高尚的精神。

（2）使每个学生都能调动自己的积极性，扮演满意的角色，在活动中培养主人翁感。

（3）形成一种竞赛心理。激励是一种强化手段，学生在团队的精神鼓励下，会形成良好的个性品质。

（4）成功的体验更增加对孩子的情绪吸引力。当然在共同活动中也会有失败，只要教育者有良好的教育机制，挫折也会成为很好的教育因素。正如居里夫人说的：失败中孕育着成功的因素。很多人都说，当代的孩子抗挫折能力不足，通过集体能很好地培育。

因此，根据孩子不同的年龄特点，组织反映时代精神的求新、求知、求趣、求乐与求实的共同活动，发扬民主、相信学生，让他们成为活动的主人，在共同活动中发展学生的能力，课上课下，课内课外，需要我们全方位地努力，而且必须在集体中进行。

教育部办公厅印发了《关于做好2019年普通中小学招生入学工作的通知》。通知明确，要切实保障适龄儿童少年接受义务教育的权利，各地要认真排查，严厉查处社会培训机构以"国学班""读经班""私塾"等形式替代义务教育的非法办学行为。父母或其他法定监护人无正当理由未送适龄儿童少年接受义务教育或造成辍学，情节严重或构成犯罪的，依法追究法律责任。《通知》还明确指出，国学班不能代替义务教育，就算是正规国学班，也只能作为义务教育的补充。

第四章 避免让孩子成为矮小儿童的 策略

一、什么是矮小儿童

（一）正常的少年儿童生长发育规律和我国少年儿童的标准身高

1. 正常少年儿童的生长发育规律

要知道儿童是否矮小，先要了解正常儿童的生长发育规律。一般来说，少年儿童的生长发育过程可大致分为婴儿期、幼儿期、青春前期、青春期等几个阶段。婴儿期：从出生到1周岁；幼儿期：1～3周岁；青春前期：3周岁到青春期启动之前；青春期：男女不太相同，一般女孩从11～12岁开始到16～17岁，男孩从13～14岁开始到18～20岁，女孩通常比男孩早2～3年。

少年儿童的身高变化也有一定的规律。在生长发育过程中，出生后0～6个月生长较快，半年后开始减慢，出生后第一年，身高年增长20～25 cm。第二年增长12～13 cm。第三年到青春前期，增长相对较慢，身高每年增长5~6 cm，因为这段时期小孩的生长速度变化不大，故又称为生长的平台期。青春期生长速度会明显加快，女孩子年增长最快时8~10 cm，整个青春期共增长20～25 cm；男孩最快年增长速度可达10～15 cm，整个青春期共增长23～28 cm。如果发现自己的小孩在其生长发育过程中有不正常现象，务必要尽快到医院的内分泌科或者儿科检查。

2. 我国少年儿童的标准身高

我国医学专家曾对我国少年儿童的生长发育情况进行了大规模的调查研究，总结出了我国0～18岁少年儿童的标准身高表，见表4-1，家长可以根据下表粗略判断自己的孩子是否身材矮小。

表4-1　中国0～18岁少年儿童身高标准

（单位：cm）

男童身高标准				女童身高标准			
年龄	矮小	偏矮	正常值	年龄	矮小	偏矮	正常值
出生	47.1	48.1	50.4	出生	46.6	47.5	49.7
1岁	71.5	73.1	76.5	1岁	70.0	71.6	75.0
2岁	82.1	84.1	88.5	2岁	80.9	82.9	87.2
3岁	89.7	91.9	96.8	3岁	88.6	90.8	95.6
4岁	96.7	99.1	104.1	4岁	95.8	98.1	103.1
5岁	103.3	105.8	111.3	5岁	102.3	104.8	100.2
6岁	109.1	111.8	117.7	6岁	108.1	110.8	116.6

（续表）

男童身高标准				女童身高标准			
年龄	矮小	偏矮	正常值	年龄	矮小	偏矮	正常值
7岁	114.6	117.6	124.0	7岁	113.3	116.2	122.5
8岁	119.9	123.1	130.0	8岁	118.5	121.6	128.5
9岁	124.6	128.0	135.4	9岁	123.3	126.7	134.1
10岁	128.7	132.3	140.2	10岁	128.3	132.1	140.1
11岁	132.9	136.8	145.3	11岁	134.2	138.2	146.6
12岁	138.1	142.5	151.9	12岁	140.2	144.1	152.4
13岁	145.0	149.6	159.5	13岁	145.0	148.6	156.3
14岁	152.3	156.7	165.9	14岁	147.9	151.3	158.6
15岁	157.5	161.4	169.8	15岁	149.5	152.8	159.8
16岁	159.9	163.6	171.6	16岁	149.8	153.1	160.1
17岁	160.9	164.5	172.3	17岁	150.1	153.4	160.3
18岁	161.3	164.9	172.71	18岁	150.4	153.7	160.6

注：根据2005年九省市儿童体格发育调查数据制定

（二）计算方法

1. 孩子的身高=父母身高的平均值±10 cm

一般男孩的身高是父母的平均身高加10 cm，女孩则是父母的平均身高减10 cm。此方法误差较大。如一个男孩的母亲身高为160 cm，父亲身高是170 cm，则该男孩的预测身高=（170+160）/2+10=165～175 cm；如果是女孩，则预测身高=

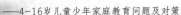

（170+160）/2−10=155～165 cm。

2. "哈弗利采克公式"计算法

我国进行校正的"哈弗利采克公式"（此方法相对精确）：

男孩未来身高（cm）=（56.699+0.419×父身高+0.265×母身高）±3 cm

女孩未来身高（cm）=（40.089+0.306×父身高+0.431×母身高）±3 cm

3. 骨龄法

人的生长发育可用两个"年龄"来表示，即生理年龄（又称日历年龄）和生物年龄（即骨龄）。检测骨龄的方法是医生拍摄小孩左手腕部的X光照片来检测，然后根据骨龄来预测小孩生长的情况。骨龄片拍摄方法：小孩左手五指自然张开，手心向下，中指与前臂保持一条直线（尽量不要左右偏，手臂放平不要上抬），医生使X线球管对准第三掌骨头，球管与X光片距离在80 cm左右。

这种方法比遗传预测法相对准确些，它不但可以预测孩子能否再长高，还可检查孩子骨骼的发育是否正常，骨骼发育性有无疾病。

（三）骨龄异常的判断标准

生物年龄（骨龄）：与生理年龄的差值在±1岁以内的称为发育正常。

生物年龄（骨龄）：与生理年龄的差值>1岁的称为发育提前（简称：早熟）。

生物年龄（骨龄）：与生理年龄的差值<1岁的称为发育落后（简称：晚熟）。

骨龄异常往往提示儿童患有某些疾病。例如肾上腺皮质增生症或肿瘤、Alrebert综合征、性早熟、甲亢、卵巢颗粒细胞瘤等将导致骨龄提前；而卵巢发育不全（Turner综合征）、软骨发育不全、甲低等将导致骨龄明显落后。

1. 利用骨龄预测身高

骨龄和身高关系密切，因此根据小孩当前的身高，就可以预测出还可能长多高。预测时，要求输入当前身高和骨龄，女孩还要输入是否已经来例假。然后采用不同的预测公式计算成年后身高。

2. 骨龄与生长潜势

详见表4-2。

表4-2 骨龄与生长潜势

BA（岁）	完成成年身高的百分比		女孩平均生长潜势	
	女（160.6cm）	男（172.7cm）	剩余生长空间（cm）	生长速率（cm/年）
11	91.5	84.4	13~14	7
12	95.1	88.3	7~8	4
13	97.6	92.7	4	2~3
14	99.0	96.4	1~2	1~2
男：+5~12cm				

3. 详细的体格检查

需要仔细测量小孩的以下指标：身高、上部量（即上半身身高）、下部量（即下半身身高）、指间距离、头围、腹围、腹部皮下脂肪厚度及体重等。记录小孩身体发育是否匀称，发育有无畸形，性器官及第二性征发育的情况。

4. 医学化验检查

需要化验小孩的血常规、生化指标及激素分泌（包括激素的激发试验）情况。若怀疑是遗传性疾病，还要化验小孩的染色体，必要时还要查整个家系的染色体。检查小孩的骨龄和头颅正、侧位片，做腹部超声、心电图等。

据中央电视台报道，我国儿童矮小症的发病率约3%，3～15岁的矮小儿童大概有800万，而且以每年16万人的速度增长。现在一般家长都比较关注孩子的身高，但怎样进行干预则不了解，大部分家长对于孩子每年长了多少厘米都说不出来。有的家长认为长不高就是缺钙，其实并不这么简单。据统计，每年接诊的孩子不到3万人，很多矮小儿童错过了可以干预的时段与方法，成为终生的遗憾。有的孩子不一定是矮小，只是体质性青春发育延迟，即女孩13岁，男孩13.5岁以上仍未青春发育。这些孩子最好也由医生做出鉴定。现在测量孩子的骨密度、骨龄等仪器都非常发达，准确度较高。

二、如何判断需要治疗及治疗手段

如果儿童身高低于同种族、同性别和同年龄的正常小孩平均身高2个标准差（-2SD），或低于第3百分位数（-1.88SD），即为生长迟缓。

据国内外的经验，矮小儿童年龄越小，治疗效果就越好。年龄越小，骨骺的软骨层增生及分化越活跃，生长的潜力及空间就越大，对治疗的反应敏感，长高的效果好，治疗需要的药物剂量也相对小。但是，在现实生活中，许多孩子等到18岁以后再来找医生看病，问还能不能长高。大多数人此时骨骺已经闭合，几乎不能再长高，失去了最佳的治疗机会。一般来说，4~6岁是生长激素缺乏引起矮小的最佳治疗年龄。所以，家长要多关注孩子的身高，每月给孩子测量身高并记录下来进行对比，及时判断生长是否缓慢，如果发现孩子生长发育迟缓，建议尽快找内分泌科医生就诊，及时进行诊治。

小孩生长发育迟缓的治疗主要有以下措施：

（1）仔细询问病史，完善相关的体格和化验检查，根据化验结果确定引起孩子矮小的原因，根据不同原因制订不同的治疗方案。

（2）营养治疗：注意补充足量的蛋白质和微量元素，养成良好的生活习惯。

（3）加强心理疏导：让孩子正确对待矮小的现实并配合医生积极进行治疗。

（4）若是激素导致的生长发育慢，则需要补充相应的激素，如酌情补充甲状腺素、生长激素、性激素等。

（5）对引起矮小的原发疾病进行相应的特殊治疗。

一般来说，男孩骨龄达到16.5岁、女孩骨龄达到15岁时，骨骺基本闭合，身高基本不再增长。

需要注意的是，因为影响身高的因素很多，不管用哪种方法预测，都不可能把所有的因素考虑进去。这些预测方法虽有一定的科学性，但身高预测的误差总是不可避免的。但是，预测的结果所反映的趋势是不会错的。

三、儿童生长发育迟缓的原因

（一）常见的生长发育迟缓的原因

（1）家族性身材矮小。

（2）体质性生长发育迟缓。

（3）小于胎龄矮小儿童。

（4）垂体性生长发育迟缓。

（5）甲状腺功能减低症。

（6）先天性卵巢发育不全症。

（7）特发性矮小。

（8）性早熟。

（9）其他引起矮小的全身性疾病。

（二）专家确定生长发育迟缓的原因

发现孩子长得慢，需要找内分泌专家，进行全面的检查，才能找到病因并对症治疗。一般来说，身材矮小的诊断步骤为：

（1）患者病史资料的采集：包括小孩是怀胎几个月出生的（胎龄）、出生时的体位、出生时身长及体重、有没有窒息、畸形等情况，还要了解小孩母亲的妊娠及生产的历史情况，是否有自然流产史，以及怀孕期间的健康状况等。仔细了解小孩父母亲及兄弟姐妹的身高情况，以及他们的青春发育过程。了解小孩的饮食、运动、心理健康、睡眠以及有无任何疾病等情况，还要询问家长以往是否记录了小孩的身高及绘制身高生长曲线等，以做参考。

（2）要提醒家长应相信科学，不要乱用药，有些增高药物虽有短暂的加速生长作用，但同时有可能促进骨骺过早闭合而致使生长停止。矮小儿童的治疗方法主要是根据不同的病因进行选择，治疗目标：一是保持正常生长速率；二是赢得青春期快速增长；三是达到成人最终身高。随着科学技术不断进步，借助现代医学手段，做到早发现、早治疗，矮小患儿经过科学的治疗，达到理想身高的可能性极大。

四、生长激素治疗的原理

（一）生长激素

生长激素是脑垂体前叶分泌的一种激素，其主要作用是刺激人体骨骺软骨细胞的增殖、分化，促进蛋白质的合成，促进人体长高。

其使用方法一般采用皮下注射的方式，可以选择在上臂外侧、大腿外侧和腹部（离肚脐2~3 cm远）等脂肪比较厚的部位注射。每天晚上睡前1小时左右注射4单位（1支）或者按照0.1 U/kg的剂量注射，每周注射5~6天。

一般来说，在开始治疗的6~12个月，生长速度较快，效果好。但随着使用时间的延长，生长速度会减慢，如果患者身高还不理想，在医生的指导下，可以考虑加大剂量，如增加0.05 U/kg的剂量。

若小孩年龄大于16岁，生长速率小于2.5 cm/年，建议停止治疗。

在治疗期间，小孩需要加强饮食营养，坚持锻炼身体，按时起居，保持良好的心情及居住环境，治疗的效果会更好。

（二）生长激素的副作用

（1）注射部位皮肤的反应：个别患者局部皮肤会红、肿、痒，严重的会疼痛，第2~3天最厉害，很多人热敷皮肤后反应会逐渐消退，无须停药。个别严重的需要找医生处理，大多数患者注射后没有不适感。注射部位应常变动以防脂肪萎缩。

（2）抗体产生：抗体产生后会影响治疗效果，抗体的产生与制剂的纯度关系密切，纯度越高，产生抗体的概率越小。

（3）影响甲状腺激素的分泌，个别患者出现甲状腺素

（T4）偏低，所以治疗前后注意检测甲状腺激素的水平，及时发现是否异常。如果治疗期间小孩出现面部浮肿、无力、喜睡和学习成绩下降，应尽快到医院检查，可能是出现了甲状腺激素低下，要酌情补充甲状腺素激素。

（4）肝功能出现异常：一般表现为转氨酶轻度升高，ALT如果升高在3倍以内，无须停药，它会随药物停用而逐渐消失。严重的需要停药。

（5）糖尿病患者注意检测血糖的变化，个别患者会影响血糖波动，需要调整降糖药物的剂量。

（三）生长激素药物激发试验流程及注意事项

目的：了解患儿生长激素分泌水平，测定患儿是否缺乏生长激素，常用于矮小症和侏儒症的诊断。

方法：

（1）空腹采集静脉血生长激素测定4 mL（如需要测肝、肾功、甲功等，则另加相应血量，分管存放），标记为0分钟。

（2）测血糖：于空腹、15分钟、20分钟、30分钟测血糖（若血糖值<2.6 mmol/L，则不能应用胰岛素激发）。

（3）通过已建立的静脉通道注射胰岛素，并用0.9%氯化钠溶液冲管，开始记录时间。胰岛素用量为0.1 U/kg，用生理盐水2 mL稀释0.9%氯化钠注射液：0.1 mg/kg。

（4）口服左旋多巴片。左旋多巴用量为10 mg/kg，最大用量不高于500 mg。

（5）以后每隔30分钟抽取静脉血4 mL，并分别标记为30分钟、60分钟、90分钟，测血氧饱和度1小时，抽血完毕，试验结束。

注意事项：整个实验过程中患者要保持平静，不能做运动。

五、如何增长儿童身高

现在，身材矮小是可以改变的，有的学者认为，人的身高遗传占70%，环境只占30%；也有的学者认为，遗传因素只占30%，后天环境占70%。基因重组人生长激素（简称生长素）在治疗儿童矮小身材方面的疗效充分说明了遗传与环境关系的动态性质，我们举些具体例子说明：

众所周知，因为身高原因，民间部分民众称日本人为"小日本"。但数十年后的今天，你到日本看看，除了八九十岁的老头老太太比较矮小外，年青一代个子都比较高了。有种说法是：今天的日本，营养普遍得到改善，有所谓的"一袋牛奶改变了一代人的身高"的说法。笔者的团队调查过我国一个家族，接受采访的是一位90岁的老奶奶，她说她公公婆婆那一代都长得矮小（第一代），据说当年太婆婆和别人吵架时，人家骂她，"你有四个儿子有什么了不起，一只簸箕都装起来了"。她的丈夫也是有名的"矮仔"，她说她本来是家里的丫鬟，因太太没有生养才娶了她，她生的一儿一女，也只有160cm以下的个儿，四个孙子外孙也长不高，到了20世纪八九十年代的几个重孙（第五代），身高都蹿上来了，四个大的都长到170～180 cm，重孙女14岁，已长到162 cm，最小的重孙子才13岁，已经175 cm，体重70 kg。她说我们几代都穷，靠吃南瓜、番薯长大的，现在孩子的营养多好啊！能不长个吗？老太太还笑着说，我们这个家族，脱了"矮仔"帽子了。

所以，可以从以下两个方面加以改善：

（一）有助于增长儿童身高的营养元素

1. 蛋白质

各种组织器官细胞都由蛋白质构成，例如肌肉组织、内脏、大脑组织以及许多重要的生命物质，如血液中的血红蛋白、凝血蛋白、支持抵抗力的抗体等等，许多疾病的发生与蛋白质缺失有关。一般应该选择高蛋白食物如瘦肉、鱼类、牛奶、大豆、鸡蛋等，对机体的健康有益。

2. 适当补充矿物质及微量元素

钙、磷、镁等矿物质是构成骨骼架构的最基础元素，因此充足且适当地补充矿物质对骨骼的拉长非常重要，含钙丰富的牛奶、鱼类是孩子饮食的首选。另外，一些重要的微量元素的作用也不可以忽略，如铁、锌等，这些元素可以从许多生命活动的环节中调节孩子生长发育的速度，所以富含这些微量元素的动物内脏、鱼类、坚果类食品是值得推荐的。

3. 提供合适的脂肪酸

身高的发展是生长发育中重要的指标之一，可见充足的脂肪酸摄入是必要的。应多选择天然的含必需脂肪酸高的食品，如鱼类、鸡蛋类等，建议不要过多吃仅含高油脂的食品，如奶油、牛油等。

4. 维生素

维生素是大家津津乐道的时髦物质，对孩子长高发挥重要作用。确实，别看这个家族的成员个个很小，却对孩子的成长发育有必不可少的作用，所谓"维持生命的要素"就是这个道理。这个家族中维生素A、维生素B、维生素C等尤其对孩子长高方面发挥重要作用，而日常食品中柑橘类水果、胡萝卜、菠菜等含量较丰富。

（二）有助于增长儿童身高的运动

（1）首先要根据孩子的性格、体质特点选择孩子喜欢的运动，千万不要强迫孩子做他们不喜欢的运动，否则影响孩子的情绪，对长高不利。在孩子喜欢的基础上，可以根据孩子的年龄及运动发育水平选择跳跃、摸高、慢跑、跳绳、骑车、踢毽子、篮球、排球、芭蕾、伸展体操、游泳和引体向上等运动。

这些运动能起到牵拉肌肉和韧带、刺激骺软骨增生的作用，对脊柱和四肢骨骼的增长很有利。但也要注意不能急于求成，因为长期过量超负荷运动会造成软骨损伤、肌肉劳损，反而不利于孩子的正常生长发育。

（2）运动时最好保证孩子的心率达到120～140次/分钟，

运动到孩子出汗、发热、面色红润为宜。让孩子多做一些跳跃性运动，促进身高发育的功效远远强于盲目购买增高类保健品。

六、关于矮小症的几个话题

（一）遗传与环境等因素

这个争论了几千年的问题，谁也说不清楚。过去有学者如高尔顿（达尔文的表弟）主张遗传决定论。有的学者则主张环境决定论，像郭任远（曾任浙江大学校长），他做了一个实验，找来四只同窝出生的小猫：一只小猫随猫妈妈一起长大，它学会捉老鼠也吃老鼠；一只小猫只教它捉老鼠，不让它吃老鼠，它长大了只捉但不吃老鼠；一只小猫给它吃老鼠，但不教它捉老鼠，它长大了不会捉老鼠只会吃老鼠；一只小猫从小和老鼠一起长大，它们成了"朋友"，鼠骑在猫背上玩耍。因此，郭教授完全否认遗传，不同意有"本能"，只承认后天的环境影响。还有的学者主张遗传加（＋）环境或者遗传乘（×）环境。此等机械主义的观点看来已经"老掉牙"了，但因为还有人信（例如在一次相亲大会上，大妈坚决不同意女儿嫁给一个各方面都非常优秀，只是个子比较矮的男子，只因怕将来生个矮个子外孙），所以顺便说说。

（1）遗传因素。在人类进化的过程中，身高是不断地发展的，例如几百万年前的古人类，身高只有150 cm以下，现代人

中，白种人较高，亚洲人矮些。对于个体来说，身高既受其种族的遗传基因的影响，也有他近亲基因的传递。总的来说，遗传基因在身高问题上不可忽视，但只是一种可能性，是不能单独起作用的因素，必须和出生后的生活条件一起考虑，否则我们就只能是自然主义的宿命论者。

（2）环境因素。我们认为，环境并不能只理解为一种纯粹的外部力量，正如我们前文说过的，环境既包括人类生活的自然环境，人造自然，即经过人类改造的如城市、住房、马路等（马克思称为物化劳动），也包括社会环境（宏观的、微观的。宏观的包括一个人所在的国家、民族、阶级等大群体，所有的社会目标、社会价值、社会规范和社会心理都是在大群体的基础上，在一定的生产力与生产关系与文化、历史背景下产生的，传媒也属于大群体；微观的社会环境，即人直接接触的微观人际关系系统），还有个体与环境的相互作用，正如马克思所说的，人受环境的影响，也是环境的主人。

（3）对于孩子来说，遗传、环境、出生前胎儿成长的条件（如母亲怀孕时的生活状况、胎儿的发育等），特别是出生后的营养、内分泌等因素以及运动、起居作息等都很重要。我们在这里专门谈一谈学生加餐的事。改革开放后，很多中小学都陆续实行了给学生加餐的制度，这对孩子的成长发育十分重要，尤其对那些营养不良、生得矮小的儿童。广州市红十字会医院临床营养科主任谭荣韶医生指出：由于孩子正处于生长发育期间，一日三餐可能无法满足其营养需求，鼓励学校、家长帮助孩子加餐，给予孩子更丰富多样的营养。谭医生说，加餐应遵循低热量、全营养的原则，例如牛奶、面包、酸奶、水果、包子、鸡蛋等营养素比较全面的食物，从控制热量的角度考虑，玉米、红薯等粗粮也可。但他告诫家长，要掌握科学的方法，煲汤、糖水、坚果等不一定合适，有的家长只是给钱，孩子拿去买炸鸡、薯条、火腿肠、含糖饮料等，搞不好使孩子变成"小胖墩"或更加不长个儿，带来了各种健康隐患。

心理学家重视童年期生活条件的性质。每个人的情况不同，同一个人在不同时段也不一样，研究孩子的生长状况，需要具体问题具体分析。

（二）矮小儿童的心理

笔者教过一个学生，个子长得小，同学们给他起了个绰号"老鼠尾"，他经常受到嘲笑、欺负，被捉弄。有一次自习课，有人把他关进讲台的柜子里一个多小时，直到教师来了才被放出来，他不敢指认是谁关的他。这样的孩子很容易成为校园欺凌行为的受害者。[①]还有一个姑娘，已经14岁了，同班同学都已经发育成苗条少女，她还像低年级小学生，排队时总是最后一个，处处显得另类。像这样的孩子，在中学里不少，他们

---

① 2016年12月，教育、公安、民政、妇联等11部门一齐向校园欺凌行为"亮剑"，共同印发了《加强中小学生欺凌综合治理方案》，保护孩子免于被欺凌，把学校变成安全阳光的地方，很有必要。

在群体中的地位普遍较低，心理上自卑感较重，有的甚至患上孤独、抑郁症。有些孩子因此自我封闭，人际交往能力差，长大后甚至影响他的择业、婚恋等。

还有，笔者在一次"青年心理"的讲座后收到了两位男生的信，其中一封信说：我长得矮小，同学们看不起我，读大二了，我孤独找不到爱情，连个知心朋友都没有，我为什么那么不幸……另外一封信除了诉说矮小给他带来的尴尬外，他还说：我决不主动找那些自以为帅哥的同学，我有理想、有抱负，我是个"孤岛型"大学生，我将用我的成绩说明自己是个顶天立地的"高人"。

由此可见，身材矮小，对孩子的性格是有影响的。有的孩子因此自卑、缺乏自信、自我封闭，心理压力很大；有些孩子迸发出一种与命运抗争的力量，从而更加奋发图强。

我们在前面已经谈过：到了少年期，自我意识发生了质的飞跃，可以教育他们自己改变现状。体育运动，如跳跃、跑步、摸高、打球、跳绳、单杠、引体向上、游泳等对长高有很大的帮助。很多家长在孩子放学后，就督促他们做作业，磨蹭完作业后天都黑了，孩子也疲劳了，建议放学后先运动10~30分钟较好。

良好的作息制度如睡眠就很重要，儿童的生长激素——荷尔蒙只有在深睡期和熟睡期才会分泌旺盛，睡眠不安、易惊醒或者很晚不睡不好。不要开灯（台灯、小夜灯），给孩子营造一个安静舒适的睡眠环境，在床上被窝里玩手机等会使生长激素的分泌受到限制。

再如营养，目前在我国，一般家庭都有保障，但孩子挑食导致营养不均衡或者不足会影响增高。有的家长相信某些广告宣传的保健品的作用，给孩子买来吃，如蜂王浆、各种补品、高脂肪的甲鱼、黄鳝等，这些东西或多或少都有性激素，或许短期内有效，其实是预支了孩子增长的潜力，是帮倒忙，拔苗助长。少年们相信科学，要拒绝这些保健品，不偏食，不买零食，不吃垃圾食品，正确享用每日三餐，就能使你长个儿。

中医对孩子长高也有些办法，除上面说的加强营养与锻炼外，还可以按摩各个关键穴位，因为按摩可以促进经络的运行和增加人体全身的气血营养。促进新陈代谢，有利于骨骼的发育，达到事半功倍的效果，例如经常按足三里、捏背（从尾椎两旁，即脊柱两侧双手交替向前推动至大椎穴两旁）等。

最主要的是心态。心理学家在讨论疾病时，曾提出遗传只占15%，环境也占15%，医药仅占8%，其中心理却占了60%。不管这种计算方法是否准确，但心理因素占一个人健康的大部分，却是不争的事实。在人认识事物的过程中，心态作为感知的心理背景，不同的心态就有不同的感受。"枯藤老树昏鸦，小桥流水人家，古道西风瘦马，夕阳西下，断肠人在天涯。"这样的词，只有沦落天涯，有家归不得的"断肠人"才能写得出来。换一个快乐的人，夕阳西下，晚霞红满天，炊烟缭绕，不正是一张农家乐的图画吗?

2018年春节期间,一部好莱坞儿童电影《奇迹男孩》非常感人,讲述一个"面部畸形"的小男孩奥吉上学以后的遭遇。面对生活中的风风雨雨,他学会了正确地对待歧视、嘲讽,最终凭着自身的勇气、善良走出困境,激励了周围的人,并收获了友谊、尊重和爱,成长为大家心目中不可思议的"奇迹"。

最使我感动的有两点:第一,奥吉的父母在孩子遭遇困难时,首先鼓励孩子迈出解决问题的第一步(爸爸藏起了他的头盔,让他敢于用本来的面目对待众人),学会面对人生风雨,学会融入人群、融入社会,因为孩子最终都要自己面对这个世界。第二,父母用大爱树立孩子克服困难的信心。一个人最重要的是培养坚毅的品质,疏导自己的负面情绪,用正向思维考虑问题,要学会正视、接纳自己,同时要有抗挫折、抗打击的能力。

我们在某市一次中学生征文比赛中发现了一篇作品,题目是"笑对不幸",内容颇有水平,我们便访问了这位年仅16岁,读高中二年级的男孩。他的长相真如相声演员调侃的那样有点对不起观众,黑瘦、矮小、斜视(广州话叫"斗鸡眼"),满脸青春痘,左脚有点跛。根据他文章的内容,我们向他提出了一些问题,其中一个问题是:你是怎样对待同学对你的嘲笑与不良评价的?"老师们不会笑话我吧?"他说,"这很简单。有三种情况。第一,那些不怀好意的人,说我

'细粒'（矮仔）、'豆丁屎'，我就说像你这般的'傻大个儿'，养肥猪的农民伯伯最喜欢了，你什么时候出栏？反唇相讥，对方占不到便宜，很没趣。第二，对于善意开玩笑的同学，我会说，你知道吗，浓缩就是精华，鲁迅只有155 cm，列宁也不高，还有我们的邓爷爷，多少大人物都是小个子，等我成了'世界名人'，你后悔也没法追呢！第三种情况，我有时会主动地搞点小幽默，有一次同学又笑话我时，我便学着美国喜剧明星亨利·杨敏的口吻调侃说，我生下来时没有哭出声，可是医生没有打我的屁股，却打了我妈的屁股，因为她把我生得太丑了。同学们很喜欢我，常常为我的睿智而倾倒。还有，我努力学习，并且很爱帮助人，哪个同学学习有困难，都愿意和我交流。我也特别自信，谁看不起我都不要紧，我自己必须看得起我自己，天生我材必有用。俗话说'鸟的美丽在羽毛，人的美丽在心灵'，当然帅哥有许多优势，但每个人都不可妄自菲薄。不是说，上帝关起一扇门，就会打开另外一扇窗户，窗户一样可以进阳光和新鲜空气。"

　　十多岁的孩子能这样看待生活，自信、自强、乐观、向上，这番话，让我们这些当了几十年教师的人都很受教育，我想这也是矮个子同学最应学习的精神。

（三）家长的责任

　　孩子能否长高，父母是有责任的。我们这里收集了一组调查资料。

美国纽约州心理研究所儿童心理学家丹尼尔·派思最近发现，整天生活在紧张、焦虑情绪中的女孩比具有快乐稳定性情绪的女孩矮，这是心理学家对716名9～18岁孩子做了9年跟踪研究后得出的，前者比后者矮5.08 cm，而且身高到157 cm以上的可能性也低了1/2。

英国也有一个研究，和经常打架的父母生活在一起的孩子或来自破裂家庭的孩子，其身高极可能较矮。

我国也有研究发现，家庭关系紧张、父母离异、单亲或被父母遗弃等家庭的儿童，矮小者占31.7％，天然的矮小儿童只占20.2％。

近年来，我国每年有110万对夫妇离婚，1991年至1999年平均每年递增4.4％。有的孩子受到父母家庭暴力、虐待、饮酒、抽烟、服用药物、"一家两制"、两地分居、第二职业、事业威胁、期望值过高、分配不公、婚外恋、居住拥挤、缺乏必要性的卫生知识、价值取向的冲撞等种种矛盾纠葛的影响，以及辱骂、讥讽、嘲笑、歧视等"心理暴力"，使孩子感受冲撞的痛苦，从而使其体内的生长激素分泌量减少（即下丘脑、垂体机能受情绪抑制）。这些孩子比在和谐环境中得到多方关爱的孩子矮。国外学者把这种因为缺乏爱抚和关心而停止发育、身高进展缓慢，成为矮小身材的现象称为"社会—心理—矮小综合征"，也称为社会心理型侏儒。

家长们为孩子注意自己的行为吧！

还要补充一点，性早熟也会影响身高。

一般情况是，女孩在8岁之前，男孩在9岁之前出现第二性征，以女孩乳房发育，男孩睾丸发育增大为最早的表现，不过性早熟也有真假之分。

真性性早熟是由于下丘脑—垂体—性腺轴提前发育，其内分泌的变化和内外生殖器的发育都和正常成熟相似，伴有身高体重加速增长，骨骺闭合提前，生长过早停止，从而造成最终身高较矮。

假性性早熟是由于体内有过多的性激素导致内分泌腺（性腺或肾上腺皮质）病变，外因则是误用含激素的食物（如蜂王浆、洋快餐等）和药物（如避孕药）、营养品或者使用含有性激素化妆品或者母亲孕期、哺乳期服用有性激素的药品等。

因此家长必须重视，不要让孩子长期食用含高热量、高蛋白、高脂肪的食物（如含激素的禽肉、鱼虾蔬菜、水果等），盲目进补，以致人为造成孩子过早发育，催熟孩子反而影响身高。

第五章 肥胖儿童健康危机与干预

一、国内外儿童超重及肥胖的流行现状及危害

(一)国内外儿童超重及肥胖的流行现状

1. 全球超重及肥胖儿童流行现状

儿童肥胖症（Obesity）是由于长期摄入能量超过人体的消耗，使体内脂肪过度积聚、体重超过正常值范围的一种营养代谢障碍性疾病。

近年来，随着全球经济的增长，各国物质生活水平的提高，全世界肥胖患病率普遍升高。

根据国际肥胖专家工作组（International Obesity Task force, IOTF）提供的数据及世界卫生组织（WHO）的疾病负担报告，儿童青少年期（5～17岁）肥胖趋势发生巨大的变化，截至2010年，全球儿童青少年超重率为10%，肥胖率为3%～4%，其中每10人中就有1人为超重肥胖。全球已有超重儿童青少年1.55亿，肥胖儿童青少年4300万，预计到2020年肥胖儿童青少年达6000万，肥胖率将升高到9.1%。儿童青少年肥胖迅速在各个

国家蔓延，成为具有潜在危险性、较难控制的社会问题，已成为流行日趋严重的全球公共卫生问题之一，广受各国政府关注。

2. 我国超重及肥胖儿童流行现状

随着我国城市化进程加快和国民经济迅速增长，我国儿童的膳食结构和生活方式发生转变，"吃得多、动得少"成为当今许多儿童的日常生活模式，儿童青少年肥胖也随之迅猛增多。根据我国1985年、1991年、1995年和2000年进行的4次学生体质与健康调研结果，大城市学龄儿童青少年超重、肥胖检出率呈现明显上升趋势，乡村儿童超重肥胖增长速度超过城市，男童肥胖率增长速度高于女童，幼儿期超重和肥胖增长速度都快于其他生长发育时期。一篇关于中国儿童青少年肥胖和超重患病率变化趋势的meta分析结果显示，1981年至2010年间超重率由1.8%升高到13.1%，而肥胖率由0.4%上升到7.5%，20年间超重和肥胖的逐年增长率分别为8.3%和12.4%。沿海地区大城市超重及肥胖的发病率增长最高，已经接近发达国家的水平。据统计，2010年中国学龄儿童及青少年中有9.9%的人超重和15.1%的人肥胖，估计人数约3043万。国家卫健委2018年9月公布的最新数据，中国6～17岁儿童青少年，超重肥胖率达到16%，而且发生率还在明显增加。儿童青少年肥胖是独立的疾病，也是血脂紊乱、2型糖尿病、原发性高血压和动脉粥样硬化等心血管慢性病的重要危险因素，肥胖流行状况日趋严重，带

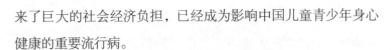

来了巨大的社会经济负担，已经成为影响中国儿童青少年身心健康的重要流行病。

（二）儿童青少年肥胖的短期和长期影响

儿童肥胖症与生活行为密切相关，以营养过度、运动不足、行为偏差为特征，是全身脂肪组织过度增生、堆积的慢性疾病。这与当今人们物质生活水平提高，饮食结构改变，高脂、高糖、高胆固醇食物摄入增多及体育运动减少有一定相关性，其危害性不容低估。少年肥胖最严重的后果是肥胖体型与生活方式从少年期向成年期的延续，成年后可导致一系列与肥胖相关的成人疾病，最终直接增加家庭和社会的经济负担，可以说，肥胖对健康的危害是自始至终的。

（1）心脑血管疾病。儿童青少年期肥胖是导致成人肥胖的重要因素，也是导致心血管疾病的危险因素，同时加速动脉粥样硬化进程，包括高血压、心脑血管疾病、代谢综合征、心脏肥大和功能改变。发生肥胖相关高血压的主要机制包括胰岛素抵抗，水钠潴留，交感神经系统活动增强，激活肾素—血管紧张素——醛固酮系统和血管内皮功能改变。

（2）2型糖尿病。肥胖易导致糖、脂代谢紊乱。肥胖儿童常出现合并高胰岛素血症和糖耐量异常。2013年儿童代谢综合征中国工作组对中国六城市22 071名7～16岁儿童及青少年进行调查，按照国际糖尿病联盟（International Diabetes Federation，IDF）的标准，六市中小学生代谢综合征的患病率为1.4%，肥胖人群的患病率为16.8％，高血糖的患病率为6.8％，高甘油三酯的患病率为7.1％，高血压的患病率为6.3％，胆固醇代谢异常的患病率为15.3％。

（3）精力不足，反应迟钝。肥胖儿童腹腔内脂肪过多，膈肌抬高，妨碍呼吸和血液循环，耗氧量比正常人高出30％～40％，体内氧气"入不敷出"，表现为身体笨拙，无精打采，容易疲倦，注意力不集中，行动迟缓，活动量减少，安静时易瞌睡，活动后易产生心慌、气短、多汗、关节痛和睡眠障碍等躯体症状，严重者夜间出现睡眠呼吸暂停综合征。这样使他们更不愿意活动，慵懒，形成恶性循环。

（4）肥胖相关性肾病。肥胖是肾脏疾病的高危因素。1974年首次报道严重肥胖症可伴有大量蛋白尿，病理活检提示肾脏损伤。英国流行病学数据表明，体重指数≥30 kg/m^{2}的肥胖人群有27.2％合并白蛋白尿。临床表现相对隐匿，54.4％的患者无明显症状，多在尿检时发现异常，主要表现为蛋白尿、高脂血症、高血压，多以轻、中度蛋白尿为主，部分患者可缓慢进展至慢性肾功能不全。病理机制可能为：与肥胖相关的高脂血症、高胰岛素血症、肾素血管紧张素系统活化及瘦素水平升高等多因素共同作用肾组织的各部位，使其产生病变。肾组织病理学改变表现为单纯肾小球肥大和局灶节段肾小球硬化伴肾小球肥大等。

（5）肥胖相关骨关节病。肥胖不仅对心脏、肾等内脏器官有一定的危害，对骨质损伤更明显。据国外报道，1930年至1976年，肥胖症患者骨关节病发生率为12%～43%。肥胖引起的骨关节疾病主要有三种：骨性关节炎、痛风性骨关节病、糖尿病性骨关节病。其中骨性关节炎危害最大，发病人数最多，占肥胖症的50%，肥胖引起的骨性关节炎主要影响膝关节，其次为髋关节及手指关节等。肥胖导致儿童承重骨关节发育生长异常，出现膝内、外翻畸形，髋内翻，股骨骺端滑脱，扁平足，痛风性关节炎等骨病。研究发现：肥胖患儿体重指数每增加 1 kg/m^2，膝关节炎发病率增加15%；年轻时肥胖直接增加中老年更换髋关节的风险；10年内若减重5 kg可降低50%的骨性关节炎发病风险。因此，肥胖症对骨关节的损伤程度和如何减肥应该引起广大患儿及家长的足够重视。

肥胖相关骨关节病发病机理复杂：①肥胖是骨关节炎的重要危险因素。由于体重超过人体主要承重关节（髋、膝、踝关节）生理上可能承受的负荷，同时姿势、步态及运动习惯等改变，导致关节生物力学发生改变，关节结构破坏，主要表现包括关节面软骨丧失弹性，关节面骨刺、软骨下骨囊肿形成，关节内相邻骨面退化与磨损等病变。②肥胖患儿膝关节内外侧压力不均匀，一侧负荷过大，导致一侧首先受累而后波及全关节，为保持重心，很容易发生膝关节内外翻畸形，俗称"K形腿""O形腿"，继发髌骨半脱位，出现髌股关节骨关节炎，引起胫股关节退变。特别是积累性的微小损伤（如上下楼梯滑倒），可造成软骨下骨的硬化改变，影响关节软骨对关节负重的抵抗力，导致软骨退变，半月板病变，形成骨关节炎。③代谢因素（血脂、血糖及嘌呤代谢）异常及其他并发症间接影响关节，体内激素（雌、雄激素）水平异常导致软骨代谢功能失调，也会促进骨性关节炎发展。④肥胖人群体内脂肪组织分泌脂肪因子，其中瘦素最多，研究表明，软骨破坏程度与瘦素含量呈正相关。

（6）皮肤感染。肥胖患儿腹部、臀部和大腿皮肤出现粉红或紫红色条纹，皮肤色素沉着，呈棕色或褐色，表皮增厚，以颈部、腋下或肘部为多，有时口腔黏膜也呈黑色。易患皮肤感染如对磨疹、疖疮、擦烂性湿疹和黑色棘皮症等。常流汗易形成汗斑、毛囊炎，或产生霉菌感染。

（7）下呼吸道感染。肥胖妨碍儿童有氧能力的发育，影响其运动能力，导致呼吸系统功能下降。皮下脂肪过度增厚，造成肺通气不畅，稍微活动即心悸气短，呼吸费力，容易发生支气管、肺部等下呼吸道感染，严重影响心肺功能。常言道"说你胖你就喘"。

（8）心理损害。肥胖给孩子造成心理上许多潜在危害，不利于心理健康发展。肥胖儿童与正常体重儿童相比，体态臃肿，动作笨拙，安静时易瞌睡等，在集体活动中易受同学讥笑、排斥，久而久之形成孤僻、自卑、退缩、依赖心理，使精力难以集中，情绪低落，学习成绩下降。这种不良刺激，潜在

影响孩子正常身心发育及个性形成，使孩子性格内向、缺乏自信、自我评价低、心智不稳定、社会适应能力差，影响孩子一生的发展。

（9）影响儿童生长、第二性征发育。①在性发育之前，肥胖儿的身高显著高于同龄正常儿童。但随着性发育和性成熟的提前，分泌高浓度的睾酮和雌激素促进骨骺软骨成熟和加速融合，生长减速，骨成熟加速，对青春期发展及成年身高产生负性影响，大部分肥胖儿最终身高处于正常范围的低值，形成矮胖型身材。②大部分肥胖儿童由于身体重、个子高，与同龄正常儿童相比，生长发育要快，性激素水平偏高，青春期发育明显提前。肥胖女童血清瘦素、雌二醇水平随年龄增长而升高，性发育、月经初潮年龄均早于体重正常者。③研究显示，部分肥胖儿童的性发育较正常儿童落后，包括生殖器官发育不良，性激素水平低下，第二性征发育迟缓等。肥胖所致男性不育症作用机制有三个方面：生殖内分泌异常、勃起功能障碍、精液参数异常。肥胖男孩出现隐睾、乳房膨大等性器官和性征发育障碍；肥胖女孩出现性早熟或月经异常，成年后形成多囊卵巢综合征、性功能障碍和生殖无能。④与正常体重儿童相比，男女肥胖者第二性征发育均早，性成熟提前完成，易出现性早熟及性心理变态，需要及时加强教育和引导，促进肥胖儿童身心健康成长。

（10）恶性肿瘤。肥胖易患胃癌、结肠癌、胰腺癌、膀胱癌、肺癌和子宫内膜癌等疾病。有大量研究证明，脂肪因子、炎症因子、胰岛素抵抗是肥胖与肿瘤发生、发展的关键因素。肥胖诱发肿瘤发生的原因可能为：①脂肪组织可提高女性雌激素水平，雌激素持续不正常刺激乳腺及子宫内膜，引发乳腺癌及子宫内膜癌。②运动减少，肠蠕动减慢，呼吸减慢，致癌物排出减少，吸收增多，肠道内容物易于沉积等因素易诱发肠癌。③腰部脂肪细胞促使生长激素水平升高，诱发某些肿瘤。

（11）骨质疏松症。①肥胖者饮食不合理，经常摄入高脂肪，不仅容易使人肥胖以及患心脏病，还对骨、软骨及关节结构造成不良影响，使骨头变得稀松、容易折断，从而诱发骨质疏松症。②肥胖者由于生物负荷的加重，促进骨质疏松症发生。

（12）意外事故。肥胖儿童由于身体反应迟钝，体态臃肿，动作笨拙，对各种应激反应能力低下，易发生各种外伤、车祸等意外，导致骨折及严重的肢体损伤。根据相关机构统计分析，1999年至2003年发生外伤案例中，平均每学年肥胖儿童及超重儿童的外伤事故发生率为3.36%，而正常体重儿童外伤事故发生率仅为0.56%；肥胖儿童发生意外事故概率也要高于正常体重儿童，而且事故后果要比正常儿童严重得多。

总而言之，肥胖将威胁未成年人心脑血管健康，对儿童及青少年的心理、智力发育危害甚大，严重影响国民综合素质，未来甚至会成为严重的公共卫生危机，因此儿童青少年肥胖不容忽视，预防肥胖意义重大，势在必行。如今防治儿童肥胖症已成为社会越来越受关注的问题。

二、儿童肥胖发生的主要原因

（一）导致儿童肥胖有4个关键期

人体脂肪组织发育分为2个阶段：胎儿期脂肪细胞大小的发育阶段、出生后脂肪细胞数量增加的发育阶段。导致儿童肥胖有4个关键期，即孕后期、产后早期、3～5岁幼儿期和青春期。（1）孕后期为妊娠后期3个月。母亲营养过剩，体重增加过快，胎儿成长过大。（2）产后早期为出生后1～2个月内。人工喂养，过早添加其他食物，如米糊、鸡蛋、肉类等，而不是以奶类为主要喂养食物。0～1岁的婴儿，神经中枢发育完全能够感受到"饥饱"，喂饱了会有拒吃的动作，有些家长不顾小宝宝的感受，总担心没吃饱，未按科学方法喂孩子，慢慢喂成"大肚汉"。（3）3～5岁幼儿期。基本上三餐都在幼儿园解决，营养配餐搭配合理，能满足幼儿生长需要。有些小孩回家后要求加餐或家长额外给零食，很容易肥胖。（4）12～14岁青春期发育。此阶段会出现身高和体格的快速发育增长，孩子需要摄入相匹配的食物量，若摄食量过大，活动量减少，易导致青少年肥胖。若在这4个阶段内摄入营养过多，即可引起脂肪细胞数目增多且体积增大，治疗较困难且易复发。因此。在儿童容易发胖的各个时期，家长要格外关注孩子的营养搭配，并给予正确引导。

（二）儿童青少年肥胖相关危险因素

儿童超重及肥胖形成归因于多种因素的相互影响，主要包括家族肥胖遗传、饮食、体育锻炼、孕期因素、出生状况、睡眠时间、社会经济、精神心理等因素，是遗传和环境因素共同作用的结果。众多研究表明，基因决定个体肥胖发生的易感性，肥胖相关基因的表达是由一定的环境因素诱发的，影响我国儿童肥胖的主要危险因素除父母至少一方肥胖和肥胖相关基因变异外，其余均与行为和膳食有关。不合理的膳食结构、不健康的饮食行为以及静态生活方式等均是诱发肥胖的重要环境因素。

1. 环境因素

（1）家庭社会因素。

①父母认知程度。

儿童青少年肥胖发生率与父母文化程度有直接关系。调查显示父母文化程度为初中及以下文化比父母大专及以上学历的儿童青少年肥胖发生的危险性要高。因为父母文化程度低，接受卫生保健知识能力差，对满足孩子生长发育应摄取哪些食物以及三餐应如何合理分配缺乏足够的认识，缺乏科学合理的营养知识及正确的生活方式，对子女体重超重持无所谓的态度，对肥胖是一种疾病的认识率也不高。

②家长观念。

父母作为儿童的抚养者和监护人，时刻影响着儿童的成长。a. 2～5岁幼儿期儿童，生活行为自主性尚未形成，完全受到父母饮食行为的影响。10～12岁青春前期儿童，自制能力较差，极易受到外界因素（包括父母生活行为）的影响。研究表明，肥胖父母喜欢高脂饮食，较少参加运动，这种不健康的家庭饮食生活方式，潜移默化地影响着儿童的生活，增加儿童肥胖危险。b. 中国家庭存在"胖儿是福"的传统观念，甚至认为"胖是健康的标志"。一些家长喜欢体型偏胖的孩子，有的孩子已经很胖了，家长却不以为然，认为孩子肥胖是身体好，只是外表不好看，无关紧要。家庭日常饮食中偏爱肉食，不喜欢吃蔬菜水果；有些家长长期给孩子服各种保健品，也会引起肥胖。尤其祖辈，常常过度喂养孩子，以养成胖孩子来证明自己会抚养孩子，这些都是导致儿童肥胖的主要外在因素。c. 小胖墩因肥胖多数不爱运动，老年人担心孩子做一些跑、跳等运动会发生危险，限制其活动，这样越不爱动就会越胖，最后形成恶性循环。

（2）环境污染。

近几年，国内外研究发现常见的环境污染物也会导致肥胖。如某些环境内分泌干扰物（EDcs）主要包括杀虫剂、多氯联苯（PCB）、己烯雌酚（DES）、全氟化合物（PFCs）、有机锡、邻苯二甲酸酯和双酚A（BPA）等，还有大气可吸入颗粒物（PM）如PM2.5等空气污染物，这些物质混合在室内灰尘中会促使脂肪前体细胞发育成为成熟的脂肪细胞并积累甘油三酯。

（3）社会因素。

①神经精神疾患：当下丘脑病变（脑炎后遗症、额叶切除、创伤、肿瘤）导致腹内侧核破坏，腹外侧核功能相对亢进而贪食无厌，引起肥胖。②情绪创伤（如亲人病死、学习成绩低下）、心理不安、紧张或受挫折时，会不断进食（甜食、高热量食物）来填补心理不安，养成过量进食的习惯。学习压力大也会导致学生情绪压抑，下意识吃东西排遣，不知不觉中进食过多。③社会和家庭的文化、经济、生活习惯都影响肥胖的发生。在发达国家，富裕家庭肥胖发生率低于低层次的家庭，而在发展中国家，富裕家庭中肥胖发病率高于贫困家庭。④缺乏睡眠。美国睡眠药物高等学校经过研究发现，睡得较少的孩子更有可能体重超重或肥胖。

2. 饮食行为因素

有以下不良饮食习惯。

①不健康饮食行为：睡前进食，边看电视边吃零食，不吃早餐，经常吃油炸食品和西式快餐，均可导致能量摄入过多，促使肥胖的发生和发展。②不科学的广告宣传，不良的家庭饮食习惯、饮食结构，暴饮、暴食，喜爱含糖或热量很高的饮料、点心、奶制品，偏爱荤食、油腻、甜食、零食，每天进食频率过多，每次的摄入量大，使能量过度储存导致肥胖。③有些家长受传统思想的影响，以胖为美，采取逼迫式、填鸭式喂

养小孩。④肥胖少年会经常"感觉吃不饱",尤其是青春期学习压力大,消耗大,家长担心孩子营养不足,晚餐大鱼大肉,养成孩子吃夜宵的不良习惯。夜宵很容易使人肥胖,其原因是夜间迷走神经兴奋性和胰岛素分泌量均高于白天,而晚上活动相对较少,将多余能量转化为脂肪储存于体内,导致肥胖。

最近教育部、国家市场监督总局、国家卫健委等三部委公布《学校食品安全与营养健康管理规定》,"围剿"校园小卖部、超市等食品经营场所,不得再出售高盐、高糖及高脂食品,降低儿童患高血脂、高血压、糖尿病的风险。

3. 体育锻炼(活动量)减少

现代生活方式使儿童青少年的运动量明显下降,能量过多以脂肪形式储存于体内导致肥胖。研究显示,肥胖和正常体重的主要区别不在于热量的摄入不同,而在于热量的消耗不同。每天热量摄入比消耗多1%~2%即可导致肥胖。儿童运动量减少的原因:

(1)家长担心学生学习负担重,过度保护孩子,取消所有力所能及的家务活动和劳动,而全部代劳。

(2)繁重的课外作业、周末和节假日报名参加的各种训练班和补习班,占用大量户外活动时间,孩子运动时间和运动量明显缩水。

(3)生活的现代化取代体能活动,譬如出门乘电梯、坐汽车、看电视等占据了儿童本来爬楼梯、步行骑车、体育锻炼、课外活动的时间。

（4）单元楼式住房使儿童缺乏玩伴，运动场地和设施比较缺乏，担心运动受伤等体力、心理因素影响。

（5）在家长时间看电视或玩电脑游戏等静态活动不断增加，有些儿童独自一人在家打游戏，可以一动不动玩上好几个小时。

（6）看电视对儿童肥胖的影响非常严重，不仅让患儿活动量减少，同时电视展示许多食品饮料广告，诱导儿童选择营养搭配不合理的食物，养成吃零食习惯。研究表示，每天坐姿9小时以上人群患肥胖风险是每天坐姿3小时以下的1.7倍。连续看电视5小时的儿童，比连续看2小时的孩子，发生糖代谢异常的比率高5倍。以上多种因素最终导致儿童进行户外活动时间的减少，活动空间局限，运动方式减少，体育运动量减小，能量消耗下降，导致体重日增，越重越不好动，出现恶性循环，形成肥胖。

4. 生物遗传因素

儿童肥胖是遗传、环境、行为等多种因素相互影响的结果。遗传因素与肥胖密切相关，体重指数（BMI）、腹部脂肪堆积、食欲调节、能量的摄入及消耗等均受遗传的影响。肥胖是多因素疾病，用单基因位点的独立作用无法诠释其发病机制，只有基因与基因、基因与环境交叉作用才能诱导发病。近年来，科学家相继发现人类肥胖候选基因及其他肥胖候标记物，基因多态性与儿童肥胖存在着关联。肥胖的易感基因按其

功能和作用分为三种：影响能量摄入基因、影响能量消耗基因和影响脂肪细胞储存脂肪基因。国外最新研究表明，体力活动减少可增强基因对肥胖的影响，这也表明基因和环境的协同效应可能增加肥胖的危险性。

（1）遗传因素。

肥胖有高度的遗传性。若父母双方均肥胖，子女可有80%发生肥胖；若父母中有一人肥胖，子女肥胖概率为40%～50%；若父母双方都不肥胖，子女的肥胖发生率仅为1%～2%。目前认为肥胖的家族性发生和多基因遗传有关。有学者对160名肥胖儿童进行了配对分析，肥胖儿童父母双方或一方肥胖的占57.6%，而对照组仅占35.9%，这种家族聚集性提示肥胖与遗传有关。肥胖的父母，将肥胖遗传基因传给子女，加之创造的不健康的家庭环境，更易导致儿童肥胖。

（2）继发于其他疾病的肥胖。

伴有肥胖临床表现的内分泌代谢病和遗传综合征占小儿的3%～5%，如Laurence-Moon-Biedl综合征、Prader-Willi综合征和Cushing综合征等。因病长期卧床、脑部疾病、长期使用皮质激素等也可引起继发性肥胖。

（3）围产期因素。

①1980年英国学者提出"成人期疾病的宫内起源学说"，该研究发现宫内环境与生命早期生长发育、成人期疾病有关，其中出生体重是一个重要的生物学因素。胎儿对某些外源性因

素非常易感，关键时期的特殊暴露可能会影响其成年后疾病的发生。

②在妊娠过程中，胎儿与母体的代谢有着广泛密切的联系，并在母体代谢影响下发展自身的代谢调节机制。巨大儿是胎儿在母体内体重过度增长的体现。胎儿在子宫内的发育及母亲的营养状况，可影响其到后期是否发展成肥胖。

③胎儿宫内营养不良、母亲孕期过度营养、孕期糖尿病、非母乳喂养等早期因素对幼儿肥胖产生重要影响。母体过量摄入脂质和糖引起胎儿脂肪细胞过量增加也是儿童产生肥胖的因素之一。

（4）出生体重与喂养方式。

①出生体重。

出生体重是儿童肥胖的一个重要影响因素，它不仅反映胎儿宫内生长和营养状况，也是决定胎儿出生后生长水平和速度以及健康状况的重要因素。研究表明，出生体重与体质指数（BMI）呈正相关，出生体重偏高的儿童，成年后BMI也偏高，发展成肥胖的可能性更大。出生体重偏高容易导致儿童、青少年肥胖，是由于母亲孕期营养过剩促使胎儿脂肪细胞增多，脂肪细胞一经形成不会消失，到出生时生成了大量的脂肪细胞，为肥胖的产生奠定了基础。巨大儿可能是胎儿在母体内因某些诱因而体重过度增长的体现。

②喂养方式。

婴儿早期人工喂养、过早添加固体辅食和过度劝食是导致肥胖的一个原因。

a. 母乳喂养是婴儿出生后6个月内较为理想的喂养方式，与母乳喂养相比，人工喂养不但缺少了母乳里独有的控制脂肪沉积和抑制肥胖发生的Leptin蛋白，而且婴儿自身控制母乳摄入量的能力也受到抑制。母乳喂养儿的肥胖发生率明显低于非母乳喂养儿，并且母乳喂养时间越长，肥胖的发生率越低。研究显示，母乳喂养可预防肥胖，与配方奶喂养相比，婴儿期母乳喂养可降低学龄前肥胖发生率。

b. 对于人工喂养的婴儿，家长按照自我意愿喂养孩子，更容易过早添加固体食物，发生过度喂养的概率也相应较大。

c. 在中国家庭传统文化的影响下，婴幼儿喂养中普遍存在过度劝食、诱食以及用食物作为表扬和奖励的现象，在隔代双亲中表现尤为突出，长期持续会引起儿童摄入能量过剩，促进肥胖发生。

三、儿童肥胖的诊断标准

儿童肥胖（childhood obesity）衡定标准：

（1）WHO推荐以身高标准体重法对儿童肥胖进行判定，同等身高、营养良好的儿童体重为标准体重（100%），±10%标准体重的范围为正常。肥胖程度可按以下公式计算：（实际体重–标准体重）÷标准体重×100%。>15%为超重，>20%为轻度肥胖，>30%为中度肥胖，>50%为重度肥胖。

（2）体质指数，即BMI，是目前国际学术界公认筛查儿童肥胖的首选指标，常用于衡量人体胖瘦和健康程度。其计算公式为：体质指数（BMI）=体重（kg）÷身高^2（m）。儿童期应用BMl诊断超重及肥胖更便于国际比较，更好与成人衔接。BMI大于28 kg/m^2，或体重超过同性别、同年龄儿童平均体重的2个标准差即为肥胖症。中国肥胖工作组标准使用我国人群作为参照，其性别、年龄界值点符合我国儿童青少年的生长发育特征。该标准在7~12岁年龄段与欧美的国际标准基本一致，12岁之后才逐步降低，18岁时男性和女性的超重、肥胖界值点均为24和28。

四、儿童肥胖与糖尿病关系

（一）儿童肥胖与胰岛素抵抗、2型糖尿病的关系

研究显示：成人胰岛素抵抗是引发心血管疾病的危险因素，与儿童期肥胖有显著相关性。孙冰等研究证实，80%的肥胖儿童有高胰岛素血症，23.3%有糖耐量异常。近期一个关于208名肥胖儿童的调查结果表明，青春前期男孩胰岛素抵抗患病率达37%，女孩为27.8%，而在青春期分别为61.7%和66.7%。肥胖儿童青少年代谢综合征，具有明显中心性肥胖或腹型肥胖特性，胰岛素抵抗导致代谢紊乱、高胰岛素血症、慢性高血糖

毒症等症状，胰岛B细胞功能进行性损害，逐渐进展为糖尿病前期，最后形成糖尿病。肥胖儿童青少年已演变为成人2型糖尿病的后备军。

（二）儿童肥胖导致2型糖尿病的发病机制

儿童肥胖影响葡萄糖代谢。研究显示，胰岛素分泌量与体重呈正相关，腹内脂肪含量与高胰岛素血症及胰岛素敏感性有直接的关系。腹型肥胖（又叫"中心型肥胖"或"内脏肥胖"）造成外周靶组织细胞胰岛素受体数量减少，对胰岛素的敏感性下降，容易产生"胰岛素抵抗（IR）"。为了维持血糖正常，身体胰岛 β 细胞被迫分泌大量胰岛素来抵消"胰岛素抵抗"，导致高胰岛素血症。随着IR持续存在或加重，胰岛素敏感指数降低，机体需要分泌更多的胰岛素，时间一久，胰岛 β 细胞不堪重负，功能受损，胰岛素分泌不足，最终胰岛 β 细胞代偿功能衰竭，致使血糖升高而发生糖尿病。

儿童"发福"年龄越小，肥胖病史越长，肥胖程度越重，导致糖尿病的风险就越大。

研究还表明，肥胖和2型糖尿病患者体内游离脂肪酸（FFA）升高可抑制组织中胰岛素介导的葡萄糖摄取和利用，加重胰岛素抵抗，引起高胰岛素血症，出现糖耐量受损（IGT）。

肥胖症患者青春期生长激素分泌增多，可加重高胰岛素血症，也是促使肥胖儿童2型糖尿病发病率增高的因素之一。

五、肥胖儿童的心理障碍

（一）肥胖儿童心理障碍的表现

1. 自尊心受损

由于肥胖儿童青少年动作不灵活，笨手笨脚，在集体活动中常给大家留下"臃肿、懒散、疲软"等不良印象，容易被当作讥笑取乐的对象，常常受到排斥、歧视和冷落，自尊心、自我意识受到伤害，产生自卑感和精神压力，不利于正常人格的发育，表现为孤独、离群、自闭、懒惰，神经过敏，不爱与同学交往，喜欢独处，不爱运动，自我感觉差，自我评价低，不愿意参加集体活动，这对于开阔视野，增长见识，提高分析问题、解决问题的能力都是不利的。

2. 情绪障碍

在集体活动中，肥胖儿童青少年察觉到自己的超重体型与别人存在差异，与社会主流文化相冲突，普遍对自己的体型不满意，产生自卑感，自我意识受损，自我评价差，缺乏自信心，久而久之，肥胖儿童会越来越不合群，形成心理障碍，表现为：害羞、内疚、自卑、孤独、多疑、窘迫、偏执、抑郁、焦虑、孤僻等不良情绪，并且缺乏自信与独立性，社会适应和社会交往能力明显降低，不愿意融入社会，对参加集体活动或与别人沟通有较强的抵触心理，而且任何负面经历都可能为今后成长带来长期、永久的伤害。

大量数据表明，肥胖与抑郁、社交障碍密切相关，与正常体重儿童相比，肥胖儿童常表现出焦虑、不合群等行为特征。国外研究报道，肥胖女孩较少为同伴所喜欢，常受到排斥，表现为抑郁、自卑，而肥胖男孩表现为猜疑、偏执，并很可能养成抽烟、酗酒等不良行为，最终对日后性格的塑造培养、能力获得与表达、竞争力、适应外界的反应能力造成影响，导致心理畸形发展。目前发病机制尚不清楚，可能为肥胖促使体内巨噬细胞处于炎症反应状态、释放白细胞介素-6等生物机制，诱发抑郁等负面心理产生。

3. 自我控制能力差

肥胖儿童自己也意识到减肥的重要性，但是他们意志力薄弱，自我控制能力差，总是管不住嘴，我们称之为"情绪化贪食"，特别是见到平时爱吃的肉类食品、油炸食品、快餐等等，总是控制不了自己。"吃了再说，下顿再减"，这种自我安慰、自我解嘲导致恶性循环，结果越来越胖，脂肪加速堆积。

4. 社交能力下降

由于在同伴群体中受到歧视，肥胖儿童往往被认为懒惰、不干净、缺乏感觉、运动能力差，在体育和运动项目中被排斥在团体之外，一般不主动参加集体活动，过分依赖家庭、依恋父母，表现为害怕接触社会，与他人交流困难，缺乏社交技巧，逐渐养成性格内向、不稳定、缺乏自信、被动和退缩等个性特征，从而导致社交能力下降和社会适应能力差。这种对心理的不良刺激，严重阻碍其身心发育及个性形成，对孩子成年后一生的发展具有重大的影响。

（二）对智力发展和学业的影响

肥胖对儿童智力发展和学业的影响：

（1）肥胖儿童青少年由于体重限制而很少参加集体活动，对外界的感知、注意和观察能力明显下降，影响动手能力及创造能力，甚至影响制定目标和树立理想，制约了儿童的创新思维及学业进步。

（2）肥胖少年体内脂肪过多，氧气消耗量增加，同时活动量减少，体内大量血液集中于周围组织中，造成脑组织相对缺血缺氧，使脑组织功能受到影响，容易疲劳，从而影响学习效果。

（3）肥胖儿童缺乏运动，神经功能的兴奋性低于正常体重儿童，外界信息通过大脑传导速度减慢，反应延迟，导致智力潜能不能充分发挥。

（4）食物中氨基酸过剩，使大量氨基酸堆积在脑细胞中，影响脑组织功能，致使智力落后于正常体重儿童。

（5）肥胖儿童青少年因体型过胖，长期精神负担重，心理压力增大，影响学业。王春生等采用儿童适应行为评定量表和韦氏学龄儿童智力量表测试肥胖儿童，调查结果显示肥胖组儿童心理适应行为评分、智商（IQ）均低于正常组儿童，重度肥胖女童更显著。

117

六、肥胖儿童的防治策略

儿童青少年肥胖症治疗原则：健康教育是前提，控制饮食是关键，坚持运动是基础，行为矫正是核心，规律生活是保障。采用以学校和家庭为基础的综合干预措施，以饮食疗法和运动疗法为主，通过调整饮食、增强运动、行为矫正等方法，引导养成健康、科学、正确的生活行为习惯，使肥胖儿童选择健康的生活方式，改变家长的观念，让家长真正认识到儿童肥胖潜在的成年期疾病危险，自觉科学减肥，促进儿童生长发育，从而有效地预防和控制肥胖。

（一）开展健康教育是前提

健康教育在儿童青少年肥胖防治中的作用越来越受到人们的重视。父母的支持度、家庭功能的发挥及良好的氛围是肥胖防治的重要基础。采用专家知识讲座、广播电视、互联网、书刊报纸等手段，利用每个星期天由专科医生组织对肥胖儿童及其父母亲进行宣传教育，发放通俗易懂的小册子，或者张贴在墙，给肥胖儿童和家长提供面对面交流的机会，宣传肥胖的危害、合理的膳食制度、良好的饮食习惯、正确的体育锻炼等内容，明确纠正肥胖的重要性，增加肥胖儿童的减肥动力，克服心理障碍，改变消极心理，鼓励他们树立减肥的信心并持之以恒，提倡健康的生活方式和科学的营养知识，使大家都能认识到合理营养、体能运动和身心发育的关系，使肥胖儿童掌握营养知识和肥胖控制技能，同时要求家长积极配合专科医生，根据儿童的肥胖程度，制订个体化健康教育计划及具体实施方案，每个月进行目标评估和效果评价，建立良好的减肥教育长效机制。

（二）控制饮食是关键

肥胖儿童对饮食的限制原则上必须兼顾营养需要，考虑生长速度、能量消耗，保证小儿正常生长发育，以控制体重为基本概念，确保最佳生长和维持理想体重。最好每3～6个月通过身高和体重标准曲线定期监测生长发育状况，评估BMI和腰围，根据需要调节能量摄入。可采取饮食嗜好诱导、改变饱足感、减慢进食速度、调整食物烹调方式等方式控制儿童肥胖。不进行以减轻体重为目标的所谓"减肥"治疗，禁止使用禁食、饥饿、半饥饿或变相饥饿的疗法。严禁使用减肥药物，慎重服用某些缓泻剂或减肥茶。因为儿童正处在生长发育时期，"减肥"实际是减少体重，包括减少体脂，同时也减少其他身体成分，会损害身体正常组织，影响生长发育，所以肥胖儿童治疗应当是控制体重，而不是"减肥"。如果儿童身高增长，体重没有增加，就达到了治疗肥胖的效果。必须与家长长期合作，鼓励患儿坚持饮食治疗，才能获得满意的疗效。

（1）调整饮食结构。根据肥胖患者的肥胖程度、活动强度等计算每人每天所需的能量。在不影响基本热量和营养素的原则下，逐步减少热量供给，限制糖和脂肪摄入，使体重逐渐下降，不超过身高—体重标准的10%左右，以后按期维持热量供给。结合小儿正处于生长发育阶段，以及肥胖治疗的长期性的特点，在饮食上以低脂肪、低碳水化合物和高蛋白食谱为主。本着"早吃好、午吃饱、晚吃少"的原则，三餐分配合理（一般早、中、晚餐的能量分别占每天总能量的30%、40%、30%），加强早、中两餐，减少晚餐量，三餐定时定量，少食多餐。进餐时先喝汤或少量水，减慢进餐速度，吃饭时细嚼慢咽。选择体积大、热量低的食物，如粗米、粗面、含纤维素的蔬菜（青菜、芹菜、莴笋、萝卜等）、水果。适当进食鱼、蛋、奶，控制脂类食品，土豆、山芋、甜食、糖果尽量不吃。烹调方法尽量简单，多用清蒸、凉拌，少用煎、炸等方法。总的说来，在饮食上不偏食，不暴饮暴食，少甜限脂，粗细搭配，细嚼慢咽，科学搭配，从整体上控制能量水平，合理膳食。

（2）营养物质需求。在不影响儿童正常生长发育的前提下，根据不同年龄、性别、身高、体重及运动量来控制每天的食物总量，总热量一般控制在800～1200 kcal/d，为满足基本营养及生长发育的需要，选择碳水化合物为主的高蛋白、低脂肪食物，其中蛋白质供给量占30%～35%，脂肪供给量占20%～25%，碳水化合物供给量占40%～45%，青春期生长发育迅速，在此期间蛋白质供给量可增至50%～60%。碳水化合物食物的健康来源如全粮面包和谷类、豆类（豌豆、大豆、扁豆）、水果、蔬菜和低脂乳制品。在能量摄入合适时，摄入蛋白质可促进生长，推荐优质蛋白（能够提供9种必需氨基酸的蛋白质），例如肉类、禽类、鱼类、蛋、牛奶、奶酪和大豆。脂肪严格限制，尤其是动物脂肪。低脂饮食可迫使机体消耗自身的脂肪储备，碳水化合物分解成葡萄糖后会强烈刺激胰岛素分泌，从而促进脂肪合成，故必须适量限制。定期检查食物中的营养成分，保证维生素和矿物质的供给。值得关注的是被列为第七大营养素的膳食纤维，不提供热量但能增加饱腹感，可减少糖类的吸收和胰岛素的分泌，并能阻止胆盐的肠肝循环，促进胆固醇排泄，且有一定的通便作用。可以适当减少碳水化合物的摄入，补充膳食纤维，减少从食品中摄取热量。

（3）改变饮食习惯。让家长了解哪些食物是相对禁止的，哪些食物可适当选择，哪些食物则应适当多吃。要讲究适时适量，合理搭配。科学合理地烹调，减少烹调用油，少用油炸，以减少食物中的能量，多用蒸、煮的方法以保证营养素的保存。白开水是最好的饮料，少喝碳酸饮料及西式快餐，少吃零食，晚餐不宜多食，睡前不吃东西，饭后不立即入睡，改正不良的饮食习惯，循序渐进地达到控制体重的目的。

（三）坚持运动是基础

肥胖儿童青少年多是摄入热量大于消耗热量，导致多余的热量堆积，形成脂肪，而运动是身体消耗热量的重要途径。在控制饮食的同时，必须逐渐增加适当的运动，促使脂肪分解，减少胰岛素分泌，使脂肪合成减少，加强蛋白质合成，促进肌肉发育。运动训练结合趣味性及可行性，长期坚持，使运动成为儿童的日常生活习惯。在治疗过程中，定期监测体重增长情况，以便调整食量和活动量。要多关心体贴患儿，强调家庭成员共同参与，持之以恒，才能取得效果。

（1）制订运动计划。运动减肥需要科学的方法来指导，不能盲目、无规律甚至随意地运动锻炼，同时运动减肥也是一个需要持之以恒和循序渐进的过程。因肥胖小儿运动时气短、身体笨拙而不愿运动，需要医护人员、家长、患儿共同参与，共同制订科学、合理，能为儿童所接受的运动计划。开始时应选择容易坚持的运动项目，提高患儿对运动的兴趣，运动量根据患儿耐受力逐渐增加。

（2）运动类型与方式。科学的体育活动是控制肥胖和增强体质必不可少的措施。运动距离比速度重要，注意柔韧性运动。运动形式可选择有氧运动、有氧运动与无氧运动交替、技巧运动。有氧运动和力量运动可增加能量的消耗，抑制脂肪的积累，增加肌肉的力量，有助于维持机体的能量平衡，锻炼全身体力和耐力，提高心肺功能。有氧运动的特点是强度低、有节奏、不中断和持续时间长。运动方式多种多样，典型的即是步行和骑车，其他还包括慢跑、游泳、爬楼梯、扫落叶、登山、划船、擦地板、做体操、打太极拳等。各种球类运动如篮球、排球、网球、乒乓球、羽毛球等项目，具有增强体质、持续运动消耗能量、有效减肥的功能，鼓励患儿适当增多这些运动。

（3）运动强度。限制饮食的同时增加运动量，是减轻肥胖者体重的重要手段之一。根据能量消耗规律来看，中等强度并持续时间长的运动会有更多脂肪参与供能，并且消耗能量会更有助于减肥。运动强度的提高要遵循渐进的原则，以低强度、持续时间较长的有氧代谢活动为主，首先从较低强度开始，逐渐延长运动时间或距离，每周增长不宜超过10%。运动强度应根据不同的个体情况制定，运动量应由小到大逐步增加，避免运动强度突增造成肥胖儿童身体不适及抵触心理，使达到最大氧耗量的50%或最大心率的65%，每日坚持30～60分钟，每周3～5次。一般运动时心率达到150～160次/分钟比较合适，这种运动强度不会使孩子过于疲劳，又能有效地消耗身体的脂肪，还能起到抑制食欲的作用。

（4）运动时间和频率。体育运动不在形式，贵在坚持。运动时间的掌握也须因人而异。餐后0.5～1小时的运动为最宜。运动前后要进行5～10分钟的热身运动和减缓恢复活动（弯腰、踢腿等）。有氧运动提倡在午后锻炼。同样的运动项目和运动强度，下午或晚上锻炼要比上午多消耗20%的能量。运动频率为每周5～7次较为合适。每次运动必须持续20～30分钟，20分钟是取得健康效应的最短运动时间，多于30分钟有利于热量和脂肪消耗。运动期限以3个月为1个阶段，一年为1个周期。

（5）不同年龄的运动选择。家庭、学校、社会均应重视培养小儿从小进行体育锻炼的习惯，为各年龄组小儿创造运动的空间、设备和条件。可以根据儿童不同年龄和条件选择适宜的运动。小于2岁的幼儿不看电视，2～3岁幼儿限制看电视、玩游戏时间，每日不超过1小时，多进行户外活动。4～6岁学龄前儿童多行走、跑步、游泳和翻滚。6～9岁儿童鼓励行走、骑车、跳舞、跳绳、打乒乓球。10～12岁儿童可以参加活动量较大的球类运动（足球、篮球、冰球、排球），每天最少30分钟，具有增强体质、持续运动消耗能量、有效减肥的作用，鼓励患儿适当增多这些运动。

（6）运动的注意事项。训练强度遵循循序渐进的原则，切忌短期、高强度训练，以避免食欲大增或者造成身体不适，产生抵触心理。主张采取有氧运动，使人体吸入的氧气基本与需要的氧气相等，同时由于强度低、有节奏、不中断、持续久、方便易行，有益于锻炼心肺功能、减脂。在日常生活中，父母也要注重培养孩子的运动观念。为了使儿童能坚持下去，父母最好和孩子一起运动。同时要养成健康的生活方式。

（四）行为矫正是核心

通过对肥胖儿童的行为分析，找出其肥胖的主要危险因素，制订行为矫正方案。鼓励肥胖儿童记录行为日记，通过日记的形式进行自我监督，详细记录每天的饮食情况（摄入量和总量）和日常活动（包括各种体育运动及持续时间），以及行为矫正过程中的体验，包括困难、体会和经验，来矫正引起肥胖的不良生活行为。家长、教师、医务人员协助创造有助于肥胖儿童持续坚持体重控制训练的环境。

（五）心理疏导不能少

纠正肥胖儿不正确的饮食行为，还应将心理治疗纳入其中，鼓励肥胖儿多活动，适量进食，增强减肥信心，消除心理障碍，解除精神负担，使其心理状态恢复正常。因为儿童的心理正处于调整适应阶段，所以通过有效的心理调整，往往可以改变儿童的不良饮食习惯。注重心理疏导，培养儿童的积极性，让其认识到自身优点，多参与到集体活动中，提高自我的认可度，这些对培养良好的性格尤为重要。

（六）中医治疗有疗效

目前中医对肥胖症的治疗主要有服用中药、针灸、耳针、芒针、穴位埋线、按摩、气功减肥等方法。可以适度服用化脂消积、健脾利水的中草药治疗，也可采用耳针取穴、穴位埋线、针灸等方式治疗，可抑制食欲达到降低体重的作用。中医治疗儿童肥胖症有疗效佳、费用低、副作用小的优势，值得推广。

（七）肥胖须预防

营养预防的关键要把握"三期"，即孕末期、哺乳期和青春发育期。政府卫生部门、学校和家庭应高度重视，形成全社会的营养教育网络，通过健康教育，保持儿童膳食平衡，饮食营养结构合理，培养儿童良好的进食习惯，建立规律的生活制度，避免过度喂养和过度保护，增加运动，可望降低单纯性肥

胖症的发病率。

　　总之，儿童肥胖的全球流行给儿童身心健康成长、医疗经济成本、社会和谐发展带来了极大的负面影响。控制儿童肥胖是一项艰巨、长期的系统工程，要社会、学校、家庭共同参与，预防少年肥胖必须贯彻"预防为主"的方针，要及早、从小抓起，不能图快、求简单，而应当控制饮食、增加运动和纠正不良行为习惯三管齐下。建立一个以社区为主体、家庭为单位、学校为基础的防治体系，促进一切利益相关方和部门大力参与对儿童和青少年肥胖的防治。只要措施得力，持之以恒，必能收到满意的效果，从而提高儿童的生存质量，最终促进儿童的健康成长，为预防成年期多种非传染性慢性病奠定良好的健康体质，对促进推广健康中国模式具有重要的现实意义。

第六章　网瘾儿童的"脱瘾"方案与教育

一、信息化是当今发展的大趋势

自20世纪90年代以来，全球的信息技术、信息资源的发展与不断创新，大大促进了经济的发展，21世纪更有重大突破，信息资源日益成为重要的生产要素、无形资产和社会财富。信息网络更加普及，互联网加剧了各种思想文化的互相激荡，成了信息传播和知识扩散的新载体。

（一）我国主动拥抱互联网

在这种形势下，作为最大的发展中国家的我国，也急剧地、主动地迎接信息化发展带来的新机遇，力争跟上时代的潮流，重塑我们政治、经济、社会、文化和军事发展的新格局，这也是我国建成中国特色社会主义的迫切需要。早在2006年我国就已经制定了《2006—2020年国家信息化发展战略》。该文件指出："大力促进信息化，是覆盖我国现代化建设全局的战略举措，是贯彻落实科学发展观，全面建设小康社会，构建社会主义和谐社会和建设创新型国家的迫切需要和必然选择。"也就是说，要充分利用信息技术，开发利用信息资源，促进信息交流和知识共享，提高经济增长质量，推动经济社会发展转型。世界互联网大会（World Internet Conference），是由我国主办并每年在浙江省乌镇举办的世界性互联网盛会，旨在搭建中国与世界互联互通的国际平台和国际互联网共享共治的中国平台，让各国在争议中求共识、在共识中谋合作、在合作中创共赢。从2014年到2018年，已经连续举办五届，显现出我国在互联网方面不断增加的影响力。

（二）我国互联网、信息化发展的基本趋势

我国互联网的发展，可用一组数字来说明：截至2019年6月，中国的网民达8.54亿人，互联网普及率为61.2%。以互联网为代表的数字技术正在加速与经济社会各个领域深度融合，成为促进我国消费升级、经济社会转型、构建国家竞争新优势的重要推动力。

再说手机，手机网民占网民比例达99.1%，其中手机外卖增长最为迅速，用户规模达到4.17亿人。

移动支付用户规模6.21亿人。

IPv6地址数量跃居第一。

中国网站数量为518万个。

商务交易类应用保持高速增长，促进消费带动转型升级。

2019年6月，互联网理财用户规模达1.70亿人。

在线教育达2.32亿人。[①]

我们用这么多数字，只是想说明信息化已经成为不可阻挡的大趋势。我国民众信息技术的应用能力大大提高，进一步加强信息资源的利用，建设先进的网络文化，是刻不容缓的事情。

我们欣喜地看到，我国年青一代已普遍掌握网络技术。年轻人用电脑办公，大学生、中学生乃至小学生对电子设备非常熟悉，教师也可在网上布置作业、答疑，家校联系也借助网络，小学生在网上获得许多知识，上至天文，下及地理，很多小学生都会上"淘宝"买玩具，用滴滴打车，还会教爷爷奶奶上网，网络已经成为他们生活中不可或缺的一部分。这些上代人是望尘莫及的。

（三）网络教育的变革

今天以计算机为基础的信息技术，必然带来教学的变革。"未来20年，六成职业可能会消失，党的十九大报告提出要办好网络教育，这表明仅靠现行传统教育不能应对未来，如何通过全社会的参与形成各种形式的学习类型组织，加快建设学习型社会、学习型国家，是下一步需要思考的问题。"[②]

还有一个数字，教育现代化正在推进，教育投入占国民生产总值的4％，各级各类学校互联网接入率已由五年前的20％多

---

① 数据来源于国家互联网信息办公室微信公众号"网信中国"。
② 北京第十一中校长李希贵学习党的十九大文件的发言。

提高到现在的90％，人民对教育的获得感不断增强。中国与180多个国家和地区建立了教育合作关系，47个国家和地区与我国签订了学历学位互认协议，中国已经成为世界第三、亚洲最大的留学目的地国家。

二、互联网出现的问题

事情的发展总会出现另一面，这里我只想谈谈游戏行业。在互联网发展的大潮中，游戏行业的发展，可以用日新月异来形容，是一个朝阳产业。不少青少年沉迷于互联网，主要就是沉迷网络游戏，以致成瘾。社会上"网游是鸦片""要救救孩子"的呼声越来越多。

上面我们已经说明了互联网改变了世界传播的格局，问题不在于用多少时间上网，主要看上网的内容，上网干什么。过度沉迷网络的危害，社会上已有很多报道，甚至一些犯罪分子利用网络进行诈骗，出了人命。如山东女孩徐云云，在申请助学金时信息泄露，被诈骗了学费9900元而不幸离世；一些老人在使用智能手机时被诈骗钱财也已不是个案。下面我们来讨论几个问题。

（一）什么是网瘾

网瘾指长时间和习惯性地沉浸在网络时空当中，对互联网产生强烈的依赖，以致达到痴迷的程度而难以自我解脱的行为状态与心理状态。但目前社会上关于网瘾的概念和认识以及对网瘾的干预和处理方法却存在很多误区。

（二）网瘾的特征

沉迷网络的人群都有共同的特点，美国心理学会的网瘾标准有如下9条，满足其中5条即可认为是上网成瘾。

（1）每个月上网时间超过144小时，即一天4小时以上。

（2）头脑中一直浮现和网络有关的事。

（3）无法抑制上网的冲动。

（4）上网是为逃避现实、戒除焦虑。

（5）不敢和亲人说明上网的时间。

（6）因上网造成课业及人际关系出问题。

（7）上网时间往往比自己预期的时间久。

（8）花许多钱在更新网络设备或上网上面。

（9）花更多的时间在网上才能满足。

（三）青少年沉迷网络的原因

网络游戏让人上瘾的原因可以从青少年自身的发展需求、家庭教育的教养方式和学校的教育评估说起。

首先，青少年处于青春期，对任何新事物都会产生好奇心，网络游戏的虚拟现实给他们巨大的想象空间，游戏的环节设计使得青少年的好奇心不断得到满足。除了好奇还有从众心理，身边的同学都在玩手游，如果你不玩，可能连谈话交流都难以加入，在同学中会被孤立，没有"朋友"。

从家庭来说，家庭教养方式一般分为四种：民主型、权威型、放任型、控制型。不同家庭教养方式的孩子对网络的迷恋程度不同，民主型的家庭孩子对待网络游戏比较理性，一般不会沉迷。权威型、控制型的家庭孩子一般初中高中玩游戏，想玩又不能很好地满足，这样的孩子一旦离开父母的监管，到大学就一发不可收拾。笔者一个娄底的朋友事业有成，回到家也是一个人说了算。他儿子从小到大都是乖乖仔，学习成绩一直不错，顺利考到南京航空工程学校。大学第一学期期末，就被勒令退学，原因是沉迷游戏，从不上课，所有科目都挂科。孩子害怕回到家里，不敢与家人联系，一年来不知去向。放任型的家庭是网瘾青少年的"重灾区"，一大半的网瘾青少年都是"无人管教"的孩子，留守儿童居多。笔者老家一大半1996年后出生的留守儿童，上了初一、初二之后，爷爷奶奶管不住，父母不在身边，日日夜夜地沉迷在网吧游戏厅。

从学校来说，游戏本身没有好坏，但学校一般都对游戏严防死守。越是严防死守，越使得游戏成为孩子们想不断尝试的"禁果"，负面强化了学生对游戏的好奇心理。学校的排名是"唯分数论"，成绩排名靠后的学生学习积极性不高，对升学率的追求使学校对后进生的关心和耐心大大降低。而在游戏中，学生感受到的是绝对的公平，每一次通关都获得及时的奖励，如果没有通关，系统会给无数次的"retry""again"的机会，系统对游戏玩家极其耐心。学校忽略的后进生，在游戏中却是叱咤风云的"英雄""超人"。现实的忽略与虚拟的满足，足以证明很多网瘾青少年都是在校成绩相对较差的学生。

从游戏本身来说，游戏是儿童的天性，也是人类的天性。从我们儿童时期的过家家、跳房子、捉迷藏、扔沙包到我们成人钟爱的狼人杀、密室逃脱、象棋、扑克等，人类是离不开游戏的。只是现代科技的发展，虚拟的视频电子游戏代替或者丰富了原有的游戏，视频游戏其实让玩家的体验更好，视觉效果更逼真，玩家身临其境成为事件发展的一部分并能够影响事件的发展，通关难度又不断提升充满挑战。这种体验内容和方式，带来巨大的魅力。

三、网瘾的危害

（一）经济损失

我们面对现实：网络游戏究竟有多么普及和受欢迎？中国音数协游戏工委的报告称：2016年中国数字游戏用户规模达到了5.66亿人，有接近1/3的玩家在游戏内进行了付费，消费满1500元及以上者达到付费玩家的26.1%，粗略计算可以知道，有超过1亿人在游戏中每一年的花费超过了1500元。[①]最近媒体广泛报道：国内最流行的一款经济类手机游戏，2017年年初初测玩家超过2亿人，每天在线达到2000万人，仅仅一个超高人气

---

① 中国音数协游戏工委（GPC）、CNG中新游戏研究（伽马数据）、国际数据公司（IDC）：《2016年中国游戏产业报告：摘要版》，中国书籍出版社，2016。

的角色的皮肤发售的第一天销售额就达到了1.5亿元①。如果数据属实，那么游戏玩家的数量以及付费的意愿，可能超乎想象，每三个中国人就有一个玩游戏，每四个当中就有一个是付费玩家。

游戏如此之普遍，作为没有经济能力的青少年儿童，无可避免地会接触到网络游戏。为了能在游戏中有更强的战斗力，充值自然在所难免。

有媒体报道，未成年人偷偷用父母手机充值游戏花光了家里的积蓄：江苏无锡一个15岁少年沉迷网络游戏，偷偷在自己的QQ号上绑定父母的银行卡，一年时间竟花了近十万元充值游戏。李先生发现他13岁的儿子用他的支付宝给游戏充值近5万元，这笔钱本来是准备给孩子做心脏手术的"救命钱"。曾女士出差回来，发现手机里一堆扣款短信，足足有1.6万元，其中《植物大战僵尸》和《王者荣耀》两款游戏为11 924元，曾女士说对于一个单亲家庭来说，这是一个很大的数目。

2017年5月2日，福建省晋江市龙湖派出所接到报警，"00后"少年彭某因沉迷《王者荣耀》游戏，多次偷钱买装备。5月9日，晋江一学生沉迷《王者荣耀》游戏，因手机被拿走，持刀与父对峙。据媒体报道，福州某三年级小学生半小时为游戏充值5000多元；深圳12岁小学生偷家里保险柜2万元充值游戏；浙

---

① 张玥：《全球最赚钱的游戏——王者荣耀火爆之谜》，《南方周末》，http://www.infzm.com/content/125014/，访问日期：2017年6月1日。

江某小学五年级的孩子使用家长的手机玩游戏，花掉3.8万元。在知乎平台，家长也发起"孩子玩'王者荣耀'充钱，父母该如何维权"等话题。①

（二）对身体健康的危害

首先看看来自媒体的报道：杭州一名13岁学生因沉迷游戏被父母教训后从四楼跳下身亡；广州一名17岁少年狂玩《王者荣耀》40个小时，诱发脑梗，险些丧命。

来自医院的报道说，近视眼的情况严重，"00后"的近视眼率达60%，患颈椎病的青少年病例大幅度增加。近视眼也是一种残疾，很多职业都干不了。据统计，我国青少年近视群体已超过1亿人，小学生的近视比例为30%～50%，初中生为50%～60%，而高中生则接近80%。颈椎病也年轻化。总之，未成年人沉溺于游戏已逐渐发展为一个社会问题，成了高科技的时代病。

更为严重的是网瘾对身体的伤害，长时间面对电脑和手机屏幕正威胁着人们的健康，电脑产品发出的蓝光，阻止褪黑素分泌，影响睡眠质量，还会让人注意力难以集中，上课分心。由于上网时间过长，大脑神经中枢持续处于高度兴奋状态，会引起肾上腺素水平异常增高，交感神经兴奋血压升高，植物神

---

① 谢宛霏：《中国青年报："王者荣耀"似鸦片式传播》，http:///zqb.cyol.com/html/2017-05/26/nw.D110000zgqnb_20170526_1-06.htm，访问日期：2017年5月31日。

经功能紊乱，甚至会诱发心血管病、肠胃病、神经功能症、紧张性头痛等。据报载，通宵玩电脑游戏可能出现眩晕、晕倒、记忆力下降等症状。有个别由于长期"低头"，颈椎出了问题，竟至截瘫。有研究表明，每天花大约10小时上网的大学生大脑皮层的灰质，比每天上网2小时以下的学生的灰质少，而灰质是负责大脑思考的部分。

大量的研究表明，网络和游戏成瘾都会对青少年的大脑带来功能和结构上的改变。

多巴胺大量释放令大脑受损：多巴胺是一种重要的神经递质，它主要负责传递兴奋的信息，多巴胺的释放会让我们感到快乐，甚至上瘾。科学家们很早就发现，人们在玩视频游戏的时候，大脑会释放出大量的多巴胺。玩游戏本身是一件有趣的事情，大脑释放"快乐信号"不足为奇。不过，长期释放大量多巴胺，我们的大脑会发生什么变化呢？

有国内学者根据网络成瘾诊断问卷（IADDQ）和网络成瘾障碍症诊断标准（IADDC）筛选出5名18~22岁的网络成瘾者，并对他们进行了研究。通过使用多巴胺运转蛋白扫描技术，他们发现，网络成瘾者大脑纹状体的多巴胺运转蛋白表达水平显著降低，网络成瘾可能有着与其他成瘾性疾病相似的神经生物学机制，它也可能会引起严重的大脑损伤。频繁地通过手机访问社交网络、玩游戏、获取消息会给我们的大脑带来源源不断的新信息，这会使我们大脑中的多巴胺分泌持续走高。

简而言之，一旦习惯了高多巴胺水平的活动，其他活动对我们的吸引力就大大降低。这就好比当我们面前放满了令人垂涎欲滴的炸鸡、薯条和巧克力时，我们很难走去桌子的另一头吃清水煮白菜，尽管长期来说，后者对我们的身体更为有益。

大脑灰质的体积萎缩：大脑的灰质相当于大脑的CPU，是认知功能的重要载体。越来越多的证据表明，网络成瘾会使大脑灰质的体积变小。通过对比18名网络成瘾青少年与15名健康青少年的大脑成像结果发现："网瘾"青少年在某些大脑区域的灰质密度显著低于对照组，其中包括与成瘾密切相关的脑岛和控制情绪的扣带回。我们可以从两个方面来思考：第一，如果儿童和青少年的大脑扣带回受损，他们对情感的控制能力会下降，这可能会给他们带来人际交往方面的障碍。第二，前额叶是一个极其重要的大脑区域，它肩负着计划、管理和冲动控制等重要职能。如果儿童和青少年的前额叶发生改变，那他们对自身语言和行为的控制能力就有可能下降，具体可表现为缺乏耐心，容易发脾气，难以专注。

大脑白质纤维的连接减少：白质纤维就像大脑里面的电线，负责在神经元之间沟通传递信息。安徽医科大学的研究人员发现，网络游戏成瘾者的大脑白质会出现结构性变化。白质纤维的减少会导致神经元信号传递速度减慢，回路变短甚至紊乱，进而引起记忆功能的减弱与认知情绪功能的紊乱。显而易见，这些改变对儿童和青少年来说都是极为不利的。

大脑皮层的厚度变薄，网络和游戏成瘾会对大脑的认知功能造成损害。已有研究表明，网络成瘾者对奖赏敏感而对损失不敏感。

（三）网络游戏的内容存在对历史的歪曲

在手游《王者荣耀》中，荆轲这位"风萧萧兮易水寒，壮士一去兮不复还"的勇士，却变成了手持奇怪兵刃的美女刺客；刘备变成了肩扛火枪身穿风衣的黑帮教父。有一个孩子在作文中写道："我的天啊，我一直以为四大刺客是李白、韩信、兰陵王、荆轲……在老师讲解荆轲以前，我一直以为荆轲是个女的。"

历史文化可以阐释，人物形象也可以演绎，但前提是必须尊重历史，尊重和维护、继承和弘扬我们的优秀文化传统。有些手游却乱编乱造。其实这种情况，近年来在电影、电视剧中已屡见不鲜。什么都可以来个"戏"说。例如《梁山伯与祝英台》多么美好的爱情故事，却变成了武侠派的打斗高手；有个孩子看了电视，将自己的微信号取名"阿道夫"，因为他最崇拜希特勒。寓教于乐是可以的，但对于处在学习知识阶段的青少年来说，教育者不能歪曲历史、误读文化，甚至用敌我不分、认敌为友的错误的东西毒害他们，还有些暴力、低级趣味、色情淫秽低俗、封建迷信的内容。从这个角度看，有些游戏真的是"农药"、是"鸦片"。

据《2016年中国游戏产业报告》，中国游戏营业收入达到

1665.7亿元，用户规模达5.66亿人，这其中多少是坑害青少年的黑心钱啊！中华文化博大精深，很多精髓值得我们继承，现在全世界都在兴起中文热，世界四大文明古国，只有我们中国是一直传承下来的，必须守住我们的文化底线，维护我们的文化价值体系，不能让外来文化和思维破坏我们的文化价值体系，更不能让一些违法、淫秽的文化损害我们青少年的身心，必须净化文化市场，使我们的青少年健康成长！

四、怎样帮助孩子"脱瘾"

游戏的本质是一种满足精神需要的娱乐行为。适当让孩子玩手游，可以培养孩子的团队意识、动手能力和思维能力，让孩子从游戏角色中吸取积极向上的品质，并将这种品质带到现实生活中，带到日常的待人接物中。让孩子适当有控制地玩游戏，可以达到陪伴孩子成长的作用，这是有积极意义的。

现在不但是孩子，成人也一天到晚离不开手机。笔者有一次在三号线地铁一个车厢里数了一下，坐着的12人，站着的14人（车厢有点挤），只有一个老太太没有玩手机。还有一次在排队买餐券（在一德路一间办公室食堂），每个人都在看手机。一个孩子说："我不是爸妈的孩子，手机才是他们的孩子，妈妈连吃饭都在刷朋友圈，别说教我功课，放学回家做没做作业她都不管我。"

看来，防沉迷游戏，防手机的依赖，已经成为这个时代的主题。

我们这里仅说说孩子。由于沉溺手机游戏，孩子沦为"三降低"：

第一，成绩降低。有的孩子只想玩游戏，甚至在课桌上挖个洞，把手机放在抽屉里，上课不听讲，只低头看游戏，放学回家不做作业，连抄同学的也懒得动手，有个孩子考试五科全部零分。

第二，健康状况降低。因为玩游戏，不进行体育锻炼，放学回家后关起门来玩，连晚饭也马马虎虎扒几口凑数。某学校初中二年级体检，有31人近视（全班48人）。在2017年11月，广州市中小学近视防控校医培训暨近视学生随访检测工作启动会上，一组令人震撼的数据显示，广州17岁高中生近视眼检出率高达72.8%。体弱肺活量过低的有22人，其他不良状况如胃病、经常头晕等也有多人。有一个班，上体育课时跑步750米（围着操场三圈），到第三圈时就有5个人晕倒。有个女生上完体育课后连路也走不动，教师只好打车送她回家。

第三，人际关系降低。玩游戏沉迷到对什么人都不理不睬。有一户人家一天下午家里只有13岁的孩子在，有人猛敲门他就是不开，原来是他祖母上街买菜，在小区门口摔伤了，保安帮忙送了医院。后来居委会通过资料才打通他们家人的电话，差点出大事了，父亲气得暴打了他一顿，并砸烂他的手机。

笔者在电视中还看到一个节目，一个教师把上课玩手机游戏的十多名学生叫到办公室，一番训话后，让孩子逐个把手机扔进一个装满水的桶里；还有的班主任，在学生进教室前，把手机装在一个木箱里，由教师保管，放学再拿回；有的学校根本不准带手机，发现就没收。

2004年，湖北赤壁市喊着"搞垮一家网吧，挽救一批孩子"的口号关闭了全市57家网吧（后来遭到激烈反抗，不久又重新开张）；山西方山县由县长下令取缔全市所有网吧（这是最近的事）。这些都是好办法吗？

目前的情况看，手游对于青少年是利少弊多，是接纳还是禁止？这是个核心问题。笔者认为，禁是禁不住的，只能接纳，在接纳中要筑起一道道防火墙。

（一）第一道防火墙是家长

一半网民都是游戏玩家，很多孩子就是通过父母的手机游戏才开始接触手游的。在中国，98％的家长会通过管理上网设备而约束孩子的上网行为。相关数据显示，3~8岁的孩子一般是使用家人的手机或电脑上网；9~15岁的青少年/儿童，超过60％拥有自己的上网设备①。

如果您的孩子因为玩游戏而损害了身心，那您知道您的孩子在玩什么游戏吗？他为什么会沉迷游戏？游戏到底是症状还是病因呢？有没有家长自己需要提升的呢？

部分极端的家长，"谈游戏而色变"，完全采取粗暴的、

---

① 腾讯：《00后游戏市场报告：儿童手游是一大趋势》，Game Res游资网，http://www.gameres.com/629748.html，访问日期：2016年4月7日。

禁止的方法，打骂孩子、没收手机甚至不给孩子饭吃、关孩子禁闭等。这样做不但无法禁止孩子玩游戏，而且会激化矛盾。这一时期的孩子，正好进入叛逆期（请读本书第一章），这样做有可能使孩子变得懦弱、怕事，对家长阳奉阴违，反而把孩子推给网络。

作为明智的父母，我们需要的是不断去了解这个变化的世界，深入了解游戏的内容、商业机制、玩家社群、线上文化。家长应该遵循以下五个原则：

第一，接纳，在接纳中正确引导。比如说可以陪孩子一起玩，甚至让孩子教大人玩，在玩中对游戏的内容进行分析，教育孩子哪些是正确的，哪些是错误的，不能把刘备变成黑帮的教父，由此可以引导孩子阅读名著《三国演义》或者看电视剧，不至于只听手游胡说八道。在美国的家长中，有90％的人要求孩子必须征得自己的同意才能购买网络游戏，94％的家长留意孩子在玩什么游戏，67％的家长每周至少会跟孩子一起玩一次游戏，71％的家长表示网络游戏对孩子的生活有积极正面的影响。

第二，培养孩子的自我管理、自我控制能力，学会安排学习、劳动与娱乐的关系。例如，放学回家后先完成作业，协助祖母准备晚饭，然后再玩一会儿游戏，可以制作一张时间表自我监督和请家长监督，家长也可以采取一些奖励的办法。

第三，培养孩子正确的游戏观，教会孩子生存技能和安全意识，懂得抵制网络的伤害，这就要求家长有一定的文化知识、分析水平，教儿女之前首先要武装自己。

第四，加深亲密的亲子关系。由于这代人独生子女比例较高，孩子缺乏同龄玩耍的伙伴，电子产品成了他们日常最好的陪伴和最大的娱乐，过早地成为"低头族"。因此，家长再忙再累也要陪伴孩子，多与孩子沟通，遇到问题要帮助孩子分析、释放压力，大人总认为"少年不知愁滋味"（请参阅本书第一章），其实他们的想法多着呢！家庭可以制定一些制度，比如逢周末晚上全家一起聚餐，每人做个菜，评比一下，或者全家骑车到近郊旅行……可是有些家长只顾自己活动，孩子找他就说没空，给个Ipad你自己玩吧。总之，家庭生活要有吸引力，要给孩子更多的关怀和爱，这样孩子就不会只有"手机"。

第五，家长要注意自己的财务。孩子毕竟是孩子，对金钱并没有什么清晰的概念，用了多少钱也弄不懂，所以你要管好自己银行卡的密码，支付宝不能随便给孩子，现金也应该放好。

（二）第二道防火墙是教师和学校

师者，传道、授业、解惑也。这个"道"，就是立场、观点与方法，特别是在全面实现中国特色社会主义的今天，教师更是任重而道远，说服教育是主要的，用行政命令的办法只能"禁而不止"。

第一，教师可以组织学生玩游戏，或开展一些游戏比赛，如让学生讲述自己玩过的游戏，讲述游戏的内容，对游戏进行评论，以此提高认识，抵制错误的信息。教师还可以和班级孩子一起设计、研发增强学生参与度、体验感、合作性的学习游戏。学生们回到家还可以一起玩此游戏，让游戏成为学校学习和社交的延伸。

第二，开展丰富多彩的活动，例如运动会、演讲比赛、戏剧和各种课余活动。只要学校用心做，就可以吸引孩子，挤掉那些玩手游的时间。笔者忽然怀念起青少年时代的活动，如男孩子的滚铁环、女孩子的跳皮筋，既发挥了团队精神，又锻炼了身体。

第三，学校应该给场地、时间并适当地给经费，对教师要松绑。行政领导不可只盯着教师的所谓教学质量（其实就是考试的分数，以此来决定教师的职称、奖金等），而应让教师培养学生德、智、体全面发展。组织学生到户外看看大自然，呼吸新鲜空气。

学校和老师更加重要的方向是，如何让我们的课程就像玩游戏一样，让孩子们参与其中，对学校知识的渴求就像游戏一样欲罢不能呢？或者，不妨把学校建设成一个超大型的游戏王国，不是让我们的学生变成"玩家"，而是让"玩家"变成学生。这些在信息社会都是值得尝试的好方法。

（三）第三道防火墙是社会

第一，国家的职能部门应该落实相关政策。2007年国家新闻出版总署就发布了《关于保护未成年人身心健康实施网络游戏防沉迷系统的通知》，2017年5月又发了《文化部关于规范网络游戏运营加强事中事后监管工作的通知》，其中对网络游戏运营企业有具体的要求，如：要求网络游戏用户使用有效证件、实名注册、保存用户注册信息等；文化部执法检查重点要"清理整治网络表演中价值导向错误、色情淫秽低俗、封建迷信等禁止内容"，问题是监管不落实，很多企业阳奉阴违或打擦边球，也未能发动群众进行监督。

　　最近广东省文化厅采取一系列措施加强监管，抵制网吧违规经营的行为。例如缜密制定并严格执行网吧日常检查频率最低标准，建立错时执法工作机制；针对重要时间节点，适时开展网吧专项整治行动，对网吧接纳未成年人的行为按照有关法律法规实施严管重罚；加大对网吧业主的培训教育力度，与网吧经营业主签订责任状，充分发挥12318文化市场举报电话的作用，认真办理群众举报并反馈；升级改造全省网吧监管平台，通过技术手段加强对未成年人的身份信息甄别和校验，有效限制网吧违规经营行为。能够做到的话，这是强有力的手段。

　　第二，游戏的制作团队、运营商，他们应该是游戏责任的第一人。从游戏的内容上来说，专门成立儿童青少年游戏业务部，内容更加符合不同年龄段的认知需求，可以脑洞大开、天马行空，但是不可歪曲历史。例如：最近一个时期《王者荣耀》遭到了媒体的口诛笔伐，社会各界都吐槽这款游戏，有人批评游戏人物与历史设定不符，很多台词与形象抄袭了其他游

戏，误导了青少年的价值趋向等。

从游戏的运营商来说，一是务必要实名认证，在其父母等看护人的准许之下才可以下载、注册此类游戏，最好是每次登录就像淘宝支付宝一样"人脸识别"方可登录；二是限制每次登录时长，比如未满10岁少年，每天玩此游戏时长1小时，未满18岁青少年玩此游戏不得超过2小时等；三是付费方面，不一定要从用户和角色收费，可以广告等其他方式盈利。

我们认为，做生意赚钱是无可厚非的，但应该取之有道，如果不遵纪守法，机关算尽，诱使青少年挥金如土，自己赚得盆满钵满，毒害了下一代，犯了法，到头来也不会有好下场。有良心的企业和商人，任何时候，都要兼顾企业利益与社会效益，否则就是"奸商"。

我们了解到一些国家已经建立起比较完善的制度来规范网游。例如：韩国2012年就出台选择性防沉迷制度，如针对18岁以下青少年本人以及法定代理人（父母等），规定游戏运营商必须限制未成年人的游戏时间，未成年人会员加入游戏时，需要得到法定代理人的同意。英国更将游戏内容分为暴力、不雅用语、恐怖、赌博等八个级别，相关标识会出现在产品包装的正面。

总之，家长、学校、社会形成合力，齐抓共管，完全可以帮助孩子们走出网瘾。关于对孩子的教育措施，我们将在第七章统一进行讨论。

五、游戏改变教育，教育游戏化的前景

上面我们提到的，都是网络游戏对孩子的伤害，要帮助孩子脱瘾，这是不错的，但是能不能说网络就是一个十恶不赦的坏蛋呢？

人类是机器的主人，人发明了机器，总会控制机器的，最近，在2018WWDC（开发者大会）上，苹果发布的iOS12，其中就加入了勿扰模式，App limits等一系列防沉迷的新功能……更重要的是我们怎样使用机器。

（一）网络时代教育的改革

迄今为止，世界多数地区的学校教育，仍然是第一次和第二次工业革命的遗产（我们在本书的第三章已经提到）。目前经济和社会转型的态势越来越明显，传统的学校教育体系已越来越难以适应知识经济、信息社会的要求，各个国家都存在资源与环境危机，面临老龄化带来的压力，人工智能将使未来60%的工作被人工智能（机器人）代替。在这种形势下，未来的教育要教孩子什么，要他们懂得什么，掌握什么，所有教育者都必须考虑这个问题。

2018年，李克强总理在"两会"上所做的政府工作报告，把发展网络教育写入相关建议，对于我国促进教育公平，提高教育质量明确了工作方向，体现了网络教育发展对构建现代化教育体系的引领作用。

网络教育有什么特点呢？毛梓铭在《广州日报》发表的一

篇文章指出：第一，网络教育市场的发展迅速带来了传统教学模式的深刻改变，表现在教学形式不断创新，授课范围逐渐扩大，既涌现出在线公开课、直播、问答社区等不同方式，也涵盖了学历教育、资格考试、技能培训等广泛内容。

第二，网络教育的最大特点在于自主和开放。由于没有了课堂教学的时空限制，学习者可以利用手机、电脑等随时随地进行学习，学什么也可自主自选，各取所需。

第三，网络教育推动了知识分享环境的不断开放。优质教育资源可以向更广泛的地区辐射，惠及需要的人群。每个人都可以有针对性地为自己"充电"，也可以为他人传播心得。最近，广东省生命科学教育研究院院长付成彬博士在网上讲授"慢病调理"，听众数以万计，效果甚佳。

（二）网络教育一瞥

广州目前已经创建了71所智慧校园实验学校，这是信息化与教育教学深入融合的表现。学生人手一台Pad，黑板中央有一电子显示屏，看图片猜寓言、听读课文、课堂抢答，同学间互动，这些过去用板书在黑板上写的东西都在学生们的Pad上了，课后回去可以复习，这种"智慧课堂"可锻炼学生收集信息、分辨信息、融合信息的能力。

2018年北京市中学教师开放型在线辅导计划已经正式启动，今后北京市的中学生在课后和双休日通过手机、Pad等移动终端就可以享受全市骨干教师的在线辅导（这是政府主导的向全体学生直播的免费在线服务）。

　　这些年大家都在观察挪威、芬兰等北欧国家出色的教育成果，其秘诀竟包括游戏的设计。最近笔者得到了一本好书《游戏改变教育：数字游戏如何让我们的孩子更聪明》[①]，书中介绍了游戏改变教育的思路。可惜笔者才疏学浅，对电子游戏还一窍不通，未能很好地学习。但是我们必须让编程进入课堂，只有这样，才能让孩子掌握其思维以及适应数字时代理解、分析、解决问题的逻辑。也就是说，数字时代的教育应当侧重于培养孩子的好奇心和发现探索能力。游戏将改变教育是今后一个重大的课题。

[①] 格雷格·托波：《游戏改变教育：数字游戏如何让我们的孩子更聪明》，何威、褚萌等译，华东师范大学出版社，2017。

第七章　家庭教育的几点建议

上面几章提到的很多都属于家庭教育的问题，但是对笔者这个年龄来说，写一本全面论述家庭教育的书已力所"难"及，因此，这里只就上面涉及的内容提出一些建议。

一、要爱孩子并要教育孩子学会爱

世界上没有任何一种组织比家庭有更强大的凝聚力，由于姻缘、血缘而组成的家，首先表现为高度的情绪认同，"家"使人具有：

（1）归属感。"家"是自己的，在家里，无论是欢乐与悲痛、笑声与泪水，都有人和你共享与分担，不可以在外面讲的心里话可以在家里讲。

（2）支持感。"家"就如避风的港湾，使人感到安全，遇到困难或挫折，从家人那里可以得到支持和力量。

（3）温暖感。外面碰到的烦恼与不愉快都可以在家庭温暖中得到化解。

因此可以说，家庭是最重要的精神纽带，这种伟大的力量就是"爱"，父母无条件爱着自己的孩子，对子女的教育有着强烈责任感，这是对儿女教育最重要有利的因素，儿女也明白父母对他们的教育都是为他们好，心理上容易接受。如果没有爱，什么教育措施都不能取得真正的效果。

绝大部分的父母都对孩子关爱有加，但是孩子是否接受你的爱，特别是他懂不懂爱你，懂不懂回报，懂不懂感恩，又是另一个问题。我们在报刊上看到过不少不孝子女的案件，有的儿女虐待父母，甚至遗弃，把父母赶出家门。这些不孝儿女固然要受到舆论的谴责，但作为家长，是否也应该检讨一下自己的教育思想呢？

孩子的孝心是要从小培养的。"孝"字怎么写？上面是"老"字的头，下面是个"子"字，许慎在《说文解字》中说，"孝者，子承老也"。家庭教育的主要任务是立"德"。我的儿子生在三年困难时期，两岁多时，每个星期六晚，我带他去文化宫排队，为的是买一个不要粮票的馒头。一次拿到馒头给他吃时，他说："妈妈你也吃点。"我说："你小，正是长身体的时候，你吃。"他说："我长大以后当农民伯伯，种许多许多馒头，让妈妈吃饱。"当时我感动得流泪。尽管孩子不知道馒头是怎样"种"出来的，但他已经知道分享，具体地体现了"孝"。

再讲一个故事：有一个小男孩，父母双亡，从小他的叔叔收养了他。叔叔是一个建筑工人，有一次从脚手架上摔下来，伤得很重。在医院里，医生说只有上帝能救他。孩子听见了，他想到去把上帝买回来，于是他就到街上买上帝，逐间铺子问，有的就说没有，有的认为是小孩子淘气、捣乱，把他撵走。孩子一直走到第29间铺子，那是一个60多岁的老爷爷开的，他问孩子，你为什么要买上帝？买上帝干什么？孩子就把自己的故事告诉老爷爷，老爷爷详细地记下了医院和他叔叔的名字，然后问他，你有多少钱买上帝？孩子说一美元，老人说我这里正好有一瓶上帝饮料，就一美元，你买回去给叔叔喝，过几天就会好起来的。孩子欢天喜地回到医院，说买到上帝了，叔叔觉得其幼稚可笑，但孝心可嘉，喝了这瓶饮料。几天后有两位医生来给他叔叔看病，做手术，不久叔叔的病果然好了。他们出院的时候看到医院天文数字般的账单，感到难以承受，医院说，有一位叫邦迪的老爷爷替你们付清了，回家吧！

小男孩赶紧跑去找邦迪爷爷，可是爷爷已经结束了铺子的生意出外旅行去了。

这个小男孩长大以后，决心学医，他要成为一个医生，感恩邦迪爷爷，感恩社会，要使更多的人获得健康。后来他发明了"创可贴"，就命名为"邦迪牌创可贴"，他一手接受爱，一手传递爱。

一个充满爱心的人是一个高尚的人。

二、要让孩子立志，即树立人生的目标

一个人树立什么样的人生目标，首先在于父母给孩子什么样的价值观。

我们说的价值观是基于人的一定的思维感官之上做出的认识、理解、判断或抉择，也就是人认定事物、辨别是非的一种思维与取向，从而体现出人、事、物一定的价值或作用。

不同的阶段，不同的人群有不同的价值观，我们现在有着明确的社会主义核心价值观，这是指导我国人的指标。

现在人们喜欢讲三观，即人生观、价值观与世界观。人生观，人这辈子应该怎么生活；价值观，人这一辈子什么是最珍贵的，你对好坏、善恶的判断；世界观，是你认为世界是什么样的。三观彼此独立，又相辅相成，辩证统一。三观决定一个人的立场、观点和方法，它们的形成过程是社会生活决定的，是潜移默化、从出生到成年逐步形成的，而最早应该是父母启蒙的。我们这里就是从父母的角度来谈谈这个问题。

笔者在网上读到一个故事，"一美元的高贵"，深受启发：

多年前有一个黑孩子，1963年出生在美国纽约布鲁克林区的贫民家庭，他有两个哥哥和一个姐姐，父亲一个月才赚到20多美元。在他13岁那年，一天父亲给他一件衣服，叫他拿到市场去卖2美元，他说这件衣服只值1美元，父亲叫他自己想想办法，也好帮补一下家里。他把衣服洗干净，弄平整（家里没有熨斗），果真卖了2美元。过了不久，父亲又给他一件衣服，

叫他拿去卖20美元，他说："这衣服最多值2美元，我尽量试试吧。"他找到一个会画画的表哥，请他在衣服上画了一些卡通人物，然后拿到一所贵族学校的门口卖。一个有钱的孩子很喜欢，他的仆人就花20美元买去，那孩子还多给了5美元。25美元呀，超过他父亲一个月的工资，一家人都非常高兴。又过了不久，父亲又给了他一件球衣，要他去卖200美元，这次他二话没说接过了球衣。两个多月后，机会来了，美国影片《霹雳娇娃》的女主角，大明星拉佛西小姐来到纽约，在记者会上，他拨开众人，一直冲到明星前，请求为他的球衣签名。谁会拒绝一个孩子呢？签名后他对明星说："我能卖掉这球衣吗？""当然，这是你的东西。"明星回答道。于是他就叫卖："明星签过名的球衣，谁要？"结果一个石油富商用1200美元买下了。孩子高兴地回到家，一家人非常快乐。那天晚上，他和爸爸睡在一起，爸爸问他："你对这件事情有什么感想？"他说："爸爸我知道了，只要我们努力，开动脑筋想办法，事情总会做好。"爸爸点点头又摇摇头，说："这只是我要你体会的一个方面，还有一个重要的方面，你想想，一件普通的衣服都能使它高贵起来，何况我们这些活着的人呢？我们有什么理由对生活丧失信心呢？我们只不过穷一点、黑一点，这又有什么关系呢？"孩子说："爸爸，我明白了，我们不能妄自菲薄，人总是要立志，做最好的自己。"20年后，这孩子成了全世界都知道的名人，他就是迈克尔·乔丹（世界著名的篮球明星）。

显然这位出生在20世纪30年代的黑人父亲不会有很高的文化，但他的"三观"是积极的，他的教育大大地提高了孩子的抱负水平，激励孩子成才。

三、家庭教育的第二个目标是培养孩子独立自主的能力

孩子终要独立自主，主宰自己的人生，父母永远无法包办代替。因此，父母能馈赠给孩子最宝贵的礼物就是让他们自立、自主，让他们插上自由的翅膀发挥最大的潜力，成为最好的自己。

这种独立自主的能力从小就要开始培养，例如孩子到了两岁，能独立完成的事就让他自己做，做不好的教他，帮着他做，让他在尝试中渐渐强起来。可是我们常常看到一些家长，什么事都要"帮忙"。例如上小学了，早上起不来，妈妈就叫醒，帮着穿衣服，催促孩子洗脸吃早餐，替他整理书包，奶奶（或外婆）背着他的书包急急忙忙地走。

小弟上小学了，早上起不来，迟到了受到老师批评，他请求妈妈早上叫醒，妈妈说："那谁叫醒我呢？你自己想想办法吧。"他晚上把闹钟放到枕边，可是第二天还是醒不了，妈妈说："你再想别的办法。"他就想，临睡喝一大杯水，早上憋尿就会醒，谁知水喝多了，4点钟就醒了，再睡又睡过了头。他

琢磨着水少喝点，如此调试了几次，几天后水喝得恰到好处，从此就养成了按时起床的习惯。他体验到不依赖别人，运用自己的机智，克服困难获得成功的欢乐，从而产生了自信心，父母大大表扬了他。因此，我们认为，对孩子的事不要包办代替，甚至适当的焦虑感、挫折经验等对锻炼孩子的心理承受力大有好处，毕竟孩子总要成为自己生活的主人。也让他知道了事无巨细，一切成功都和自己的努力分不开，不经艰苦、磨难，没有风雨怎能见到彩虹？

四、要激发孩子的好奇心和对知识的兴趣

有的家长说，不参加兴趣班、补习班，我哪有时间教孩子啊；有的说，多少都能学点东西，比他在家瞎玩总好一些，不过就花点钱罢了。其实，你在陪伴孩子的过程中，随时随地都可以教育。

（一）激发孩子的好奇心

孩子到了两岁，他可以自由走动，接触的范围大了，他对世界充满好奇，一切对他都那么富有吸引力。这时他总是问"这是什么""那是什么"，他认为事物总是有名称的。到了三岁以后，知道的多了，他已满足不了"是什么"，又总是要问"为什么"，所以有人管这一时期的孩子叫"为什么"孩子，这是他认识世界的重要一步。父母此时就可以耐心地解释，回答问题，激发他的好奇心，开发他的智力。

　　小丁丁4岁，有一天他爸爸在刮胡子，他很好奇，就问："爸爸你为什么有胡子，我没有胡子？"爸爸说："我是大人，你是小孩，大人才长胡子。"小丁丁又问："妈妈也是大人，她为什么又没有胡子？"爸爸说："妈妈是女的，不长胡子。"小丁丁继续追问："家里的花猫也是妈妈，还生了小猫，她怎么又有胡子？"这时爸爸放下剃刀，给他解释，花猫的胡子是它捉老鼠的工具，比如它要钻到洞里捉老鼠，如果胡子碰到洞壁就说明洞太小钻不进，只好退出。我们人很聪明，会做各种工具，动物只能靠本能作为武器。

　　小丁丁很高兴，马上到院子里对小朋友说，你知道吗？猫的胡子是猫捉老鼠的武器，小朋友们很"佩服"他的"学问"。从此，很多问题就从他的小脑袋里冒出来：动物园的猴子在一起总是互相梳毛，还从毛里弄点什么放到嘴里，是虱子吗？为什么动物园的叔叔阿姨不替它们捉呢？鱼有耳朵吗？鱼的耳朵在哪里？为什么我们全家都姓张，只有妈妈姓李，是怎么回事？

　　有一次，全家一起看电影《水晶鞋与玫瑰花》，回家后几个小朋友就议论开了，小妹妹先说，奇怪，本来到12点钟，神仙婆婆把一切都变回去了，马变回老鼠，车变回南瓜，灰姑娘的一身衣服也变回去了，可是为什么王子捡到的那只水晶鞋没变呢？大家热烈地争议，最后他们求救于妈妈，妈妈也说不清楚，有两种可能：一种是神仙婆婆有法力，故意不变灰姑娘穿着的那只水晶鞋，好让王子找到她；另一种可能是编童话故事的爷爷疏忽了这个情节。她表扬孩子们开动脑筋，并说你们长大后也来编故事，让更多的小朋友学习、长知识。

"思维"，是从问题开始的，鼓励孩子多考虑问题，从"为什么"中寻找答案，让他学会从各方面来论证事物，培养他的观察力、思考力和探究精神。历史上多少发明创造都是从这些"为什么"开始的，如瓦特的蒸汽机，牛顿的万有引力定律，现代的更不胜枚举了。

（二）培养孩子对知识的兴趣

若干年前，笔者曾发表过一篇文章《补习班热的冷思考》，引起了不大不小的争论，我认为，除了孩子因病或其他原因缺课赶不上进度等特殊情况外，我是不主张进补习班的，也不主张请家庭教师，更反对家长陪着孩子做作业。网上流传着一个段子：不写作业时母慈子孝，一写作业就鸡飞狗跳，大声喊叫，连骂带教，让邻居也不得安宁。有一个孩子说：母爱的反义词是作业，真是非常形象。报载一个明星，从孩子读一年级起就陪着做功课，到孩子五年级时，有一天做作业却气得心梗急救，这又何苦呢？

当前中小学的课程，基础知识是足够的，老师布置的课外作业，低年级一小时内就能完成，高年级也不超过两小时，家长要想办法督促孩子自觉地做而不是"胡萝卜加大棒"，让孩子学会合理安排自己的作息时间，学习是他自己的社会责任，而不应要别人监督。我不主张现在不少老师要家长检查作业、签名，你是考学生还是考家长呢？

小玉上一年级，父母就训练她自己做作业，不要家长检查，妈妈给了她一个小计算器，做完数学题就自己核对，做完语文作业就念给奶奶听（奶奶虽没文化，但念得是否"顺当"她是听得出来的），背完英语自己录音自己听，第一个学期有困难，逢周日爸爸就给她检查总结，第二学期起她就训练出来了，从此自觉学习，成绩优秀。

学习有余力的孩子可以多读些课外书扩大知识面，参加一些课外活动（如科技小组、养殖小组等）。只要上课认真，课后作业是不会有困难的。参加课外小组活动能提高他的学习兴趣，但进补习班或形成对家教的依赖，只能使孩子上课分心，好比不好好吃饭，等着零食充饥。

发展孩子的兴趣爱好非常有利于孩子的成长。20世纪70年代，小君读到四年级，有一天爸爸带他到一个叔叔家，那家的哥哥会安装收音机，小君很羡慕，爸爸就答应买一套工具给他，那位哥哥也答应教他，于是他每天下课后就去学，但有一个条件，必须完成家庭作业才能玩。为了能玩收音机，他下课后积极主动地做功课。有一天他组装的收音机响了，他高兴得不得了。为了了解有关收音机的知识，他积极读课外书，良性循环使他进步很快。到初中二年级，他已能用示波器搞出台小电视机。当时大家还都没有电视，周总理逝世，全楼的人都到他那里看直播。

由此可见，家长要尽量发展孩子对知识的兴趣，这是一个方面，但更重要的是要引导孩子有兴趣去做一切他必须做的事，了解孩子，培养他良好的学习习惯、活动能力、组织能力与交往能力。

然而传统的教育思想重视知识量的积累，不重视学生的思辨能力、创造力，而这却是人工智能时代最需要的品质，这我们在第六章已谈到了。

有的家长说，我忙啊，哪有时间教孩子，真的这样忙吗？你把每周日变成周七，带着孩子赶几个学习班（补习班、兴趣班），然后你坐在室外玩手机等他或者跟其他家长聊天、"八卦"，这不是时间吗？其实只要你有这份"心"，时间是可以挤出来的，例如孩子才两岁，你陪他上公园，就可以玩"给树叶找妈妈"的游戏，你和孩子每人在地上捡四片不同的树叶，然后看哪片树叶是从哪棵树上掉下来的，孩子就认识了枫树、香樟、银杏等等。

又如闲下来与孩子玩"接龙"，开始孩子小，可以玩词语接龙，大点做成语接龙，还可以玩故事接龙，爸爸说，"从前有一个孩子"，妈妈接着说"他长得很壮实"，孩子跟着说，"他是我的朋友"——讲完后让孩子复述，可以锻炼他的记忆力、理解力，等等。

孩子对周围世界的认识兴趣和探究精神的发展，让他得到更多知识，也自然而然地会转化为求知欲与自觉的学习需要，不需要大人监督，用得着家长的"胡萝卜加大棒"吗？

五、惩罚与奖励

（一）关于惩罚

中国的传统观念是"棒头出孝子"，我估计从来没有打过孩子的父母是很少的，时至今日，打儿女的不多了。国际上，对学生，除了英国还允许体罚外，已经不许打学生了。但搞变相体罚的还有，不久前报刊就披露过幼儿园教师用针头扎孩子，罚孩子吃芥末的事。

那么，是否就不可以惩罚孩子呢？笔者认为，为了培养他正确的是非观念，抑制他的错误行为，让他从挫折中吸取教训，适当的惩罚还是有必要的。但是惩罚必须遵守以下四个原则：

（1）对错误的思想和行为应及时指出，不要等事过境迁，什么时候想起再来罚，更不要算老账，把"陈年旧事"也拿来"炒"成一碟，这样对孩子不起教育作用，还造成反感。孩子犯错误是不可避免的，但不能让他同样的错误犯第二次，要教育他，接受惩罚后，思维扭转为正向的。

（2）就事论事，讲清道理，并指出改正的方法，不能伤害孩子的自尊。改正了就及时给予肯定。

（3）尽量不要在无关的第三者面前数落孩子，特别是将孩子与别人家的孩子比较。问题最好在你和孩子都冷静了以后慢慢讲道理，孩子虽小，他能听明白，或者借故事来启发他。

（4）不要在饭桌上教孩子，中国的父母喜欢这样做是因为平时各有各的事，只有吃饭时在一起。在一起吃饭，本来是一家人最快乐的时候，有好心情才有好食欲。笔者小时候父亲的小老婆总是在饭桌上告我的状，害得我眼泪拌饭，长期如此就得了胃病。

我国古训中就有对子女"七不责"，对父母"五不怨"，对我们教孩子在家庭中怎样做人，很有启发。这也是惩罚的原则。

对子女"七不责"是：

（1）对众不责。要在众人面前给孩子以尊严，否则孩子难以反思错误，性格也容易变得胆小懦弱，对人缺乏信任，产生自卑或过度自尊感。

（2）愧怍不责。如果孩子已经为自己的过失感到后悔了，大人就不要责备孩子了。批评的目的就是希望孩子能够反思错误，过度的指责会使孩子难以原谅自己，甚至使性格变得沉闷，抗挫折能力减弱。

（3）暮夜不责。晚上睡觉前不要责备孩子，让他带着沮丧失落的心情上床，夜不成寐，或者噩梦连连。睡眠质量直接影响孩子的身体健康和精神状态，长此下去身心都受到伤害。

（4）饮食不责。吃饭的时候不要责备孩子，会导致孩子脾胃出问题。

（5）欢庆不责。孩子特别高兴时不要责备他，人高兴时，经脉处于畅通状态，责备他会使经脉立马憋住，伤害孩子身心。

（6）悲忧不责。孩子哭的时候不要责备他，人悲伤哭泣时身体能量极低，是需要宣泄的时候，此刻批评他是雪上加霜的愚蠢做法。

（7）疾病不责。孩子生病的时候不要责备他，生病是人身体最脆弱的时候，孩子更需要父母的关爱和温暖，这比任何药物都有疗效。

以上原则可以说明，我国古代就已经知道打骂孩子不只在身体上，更重要的是对他心理也会产生影响，要是长期处在暴力教育的环境下，孩子的性格就会发生不利的变化，例如变得孤僻不爱说话，怕做错事，不会主动显示自己的才能，智力得不到发展，甚至由此恐惧或仇恨，而做出反社会行为。

为了让孩子知错并改正错误，可以采取一些既不伤害他身心，又能使他吸取教训的方式。

例如孩子不讲卫生，把家里弄得乱七八糟，可以罚他收拾屋子，洗干净他自己的衣服，学会自理；又如他做错了事，让他到小区跑步，或者带家里的宠物出去遛弯，冷静下来想明白自己错在哪里，然后回来给家长道歉，写保证书；或者在平时，就给他立下一些规矩，并把这些要求贴在适当的地方，如果做错事，要怎样罚，让他自己写下来，需要罚的时候让他自己选择。

总之，家长要和孩子沟通，了解孩子的想法，可能他有什么困难，不要不问青红皂白地训斥或打骂孩子。

但惩罚毕竟是消极的，中国有句话："数子十过不如奖子一功"，就是说你数落孩子十种错误、过失，还比不上奖励他一个优点。知心姐姐卢勤也有一句话，"好孩子是夸出来的"。我们在教育实践中也深深体会到：不管孩子多"顽劣"，只要他思想上还有希望得到表扬的想法，这个孩子就能教好。也有的老师说，只有不会教人的老师，没有教不好的学生。

（二）关于奖励

奖励是焕发人们的荣誉感和进取心的一种有效手段，它是调动人的积极性，最大限度地发掘人的潜力的一种方法，特别是作为父母，要学会用欣赏和赞美的眼光看待自己的孩子，给他们鼓励和积极的暗示，不激励，不赏识，就没有正效应。

奖励包括物质奖励与精神奖励，对于幼小的儿童来说，物质奖励是必要的，因为额外获得东西能使他感到愉悦，例如幼儿园奖的小红花，小学低年级老师奖励的纪律红星等，但对大一点的孩子来说，精神奖励更使他有荣誉感。我们在这里仅就家庭的奖励和表扬谈几点原则意见。

（1）奖励必须有正确的目标。主要是奖励孩子的努力、独立自主的精神，奖励他为集体、为社会做出的贡献等。

（2）奖励必须及时，迟到的奖励不会起多大的作用。例如及时给孩子一个热烈的拥抱，把从学校拿回的奖状贴在客厅最显眼的地方，还可以邀请他最好的朋友和亲戚来庆祝一下。

（3）奖励应实事求是，不能滥用奖励和表扬，一点小事就大张旗鼓，在只有赞扬，没有劝诫的环境中长大的孩子容易经不起失败，承受不了挫折或者变得自负自大。

我们在生活中常常看到一些家长只注意孩子的分数，如考了100分就奖100元，或到麦当劳饱餐一顿，这样偶尔为之虽可行，但注意不能引导孩子为了钱或享受而学习，因为认真学习是他自己的社会责任。

那么孩子的哪些行为应该得到奖励呢？

第一，奖励他独立自主，不依赖别人，通过依靠自己的力量解决了问题。例如小学低年级，孩子能在没有提醒的情况下做到不迟到不早退，自己主动写作业，自己整理书包、房间等等。一个月或者一个学期，就应该受到奖励，以培养他独立自主的能力，养成良好的习惯。

第二，奖励他良好的学习态度，有毅力，勇于克服困难，努力完成任务。努力对一个人更重要，它能使孩子获得更多的正能量。例如他外语学习有困难，他努力背单词，开口讲话，不怕难为情（初学外语常常会这样），成绩上去了，有时即使还不大理想，但是他的确尽最大努力了，就应得到奖励。

第三，奖励他能与人合作、友爱同学、尊敬师长，处处表现出良好的团队精神。帮助别人是一种美德。

第四，奖励他做人做事有诚信，遵守诺言，有责任心。

第五，奖励他虚心，能好好学习他人的经验，扬长避短，不断提升自己。

第六，奖励孩子有主见，有创意，敢于做决定，有决策能力和责任精神。这是极其宝贵的品质，做好一件事就鼓励他，能培养他的自信心。

心理学中有一个"期待效应"。两位心理学家罗森塔尔与雅尔布松到学校的某个班里，对学生进行了一次测验，测验后对教师说，你们班里的××、×××等几个学生很不错，他们会有很好的发展潜能。几个月后，心理学家又做了第二次测验，虽然第一次测验只是"装装样子"，他们点名的学生是随机选取的，但是教师相信了心理学家的"预言"，在不知不觉中对这些孩子有了一种良好的期待，这些学生的成绩果然比其他人高。这个实验在澳大利亚、美国都有记载，笔者在实验教学时也做过，结果都如此。如果你能对孩子充满期待，用不断鼓励、强化的方式激励他，他就会克服困难，勇往直前。家长要让孩子的生命充满阳光，每天都说说孩子的优点，给他信心。要知道，孩子是先接受了感情才接受道理的。

小明有一次考数学不及格，他不敢把试卷拿给妈妈签名，姐姐要他面对，被批评也要硬着头皮承受，并偷偷告诉妈妈这件事。当小明把试卷无可奈何地拿出来时，妈妈看了一眼就说，不会吧？我们家的人从来不会得这种分数的，让姐姐给你看看，可能是哪里不小心弄错了。20年后小明已经做了父亲，有一次全家人在聊天，讲起当时这件事的感受，他说，那次妈妈要是骂我或罚我什么，可能我从此就讨厌了数学，可是当时妈妈是用一种信任的期望的眼光看着我，"面是人家给的，架是自己丢的"，我能给面不要面子吗？从此我就发愤要学好数学（他后来获市中学数学竞赛二等奖）。

期待、信任，家长们！让"期待效应"鼓励孩子天天向上吧！

六、劳动教育

这是当前家教中最欠缺的一项教育，城市里很多家庭都请了帮工，根本不要孩子劳动，衣来伸手，饭来张口。我们曾经做过调查，有30%的中小学生是从来没有做过家务劳动的。有的家虽然没有请保姆，可是家长也不要孩子做事，他们认为多给孩子一些时间，让他做作业；有的家长则认为孩子不会做事，毛手毛脚的，自己做算了；有的说家务电器化了，孩子衣服脏了，往洗衣机里一扔就成；参加农业劳动更是辛苦受不了，军训下乡还心疼孩子不让他参加替他告病假。这是爱孩子吗？还是害了孩子？

劳动创造世界，劳动创造人类本身，人的大脑，灵活的双手，都是千百万年劳动的产物，这已经是每一个有点马克思主义常识的人都明白的真理。劳动（体力劳动与脑力劳动）创造着社会的物质财富与精神财富，这是人类社会存在和发展的首要的基本条件。

劳动是个性形成的基本途径之一，只有掌握了生存最基本的知识和技能，才能形成各种人际关系，才能培养一个人最基本的个性品质。所以说，儿童高尚的心灵是在劳动中培养起来的。我们过去喜欢讲四大观点：劳动观点、群众观点……劳动观点是首要的。《中国教育与改革发展纲要》第36条写道："加强劳动观念与劳动技能的教育，是实现学校培养目标的重要途径和内容。"

（一）劳动是一切美德的源泉

在俄罗斯，有一个与"灰姑娘"的遭遇相反的故事。一个"聪明"的后妈让丈夫前妻留下的女儿过着悠闲的生活，这姑娘整天尽情地吃喝玩耍，支使异母的妹妹为她做事，不高兴时还拿妹妹出气，而后妈却让自己亲生的女儿天天在树林里砍柴，在田里和家里做着繁重的劳动。这位后妈得到了人们的赞扬，说她是一个慈爱的继母，善待丈夫前妻之女。然而有一天，当一个漂亮的王子来到时，爱上的是那位端庄、勤劳和聪明的后妈的女儿，而不要既懒惰又愚蠢、放纵的前妻之女。

只有劳动才能使人具有各种良好的品质。

（1）劳动促进智力发展。高尔基说过："只有双手教导头脑，随后变得聪明一些的头脑教导双手以及灵巧的两手再度有力地促进头脑发展时候，人类的社会文化发展过程才能正常地发展起来。"

小明和小聪是小区里一对可爱的兄妹。小明只有7岁，他的好奇心很强，家里的闹钟坏了，他偷偷地拆开学着修理；锁头坏了，他也拆开摆弄，弄不好就到小区门口修锁匠伯伯那里观摩、请教。小明的父母很支持他，主动买来机械钟让他拆，后来年仅8岁，他就能把新买来的落地电风扇安装起来，家里的自行车、奶奶的轮椅他都能收拾。妹妹小聪是他的好助手，后来连邻居家有什么机械活都找他俩，为此他们还读了不少课外读物，既动手又动脑。

（2）劳动培养正确的劳动观点与对劳动人民的态度。热爱劳动、吃苦耐劳、艰苦奋斗、自主自强、爱惜劳动果实、尊重劳动人民等优良品质都必须通过自己亲身的劳动实践才能体验到。劳动还能培养对社会的责任感、团结协作的精神以及严格的组织纪律性，养成良好的劳动习惯。

笔者多年的教学实践中，最难忘的是1977届、1978届的大学生，他们大多数当过知青，上山下乡的艰苦劳动锻炼了他们坚强的意志，丰富的阅历使他们在学习上、劳动上都有出色的表现，几十年的改革开放证明他们真是我国的顶梁柱。不管你学什么专业，都必须在劳动中锤炼。

（3）劳动还能增强体质，增加审美情趣，勤劳勇敢、艰苦奋斗从来就是中华民族的优秀传统，懒、馋、贪、占、变则是某些人堕落的必由之路，好逸恶劳是一切不良品质与习惯

滋生的温床。

　　笔者最近认识了一位城中村的党委书记，他所在的整条村的土地被政府收购建起了大楼，所有家庭按政策都分了回迁住房，少的一套，有的两三套，最多的有六套，住不了就出租，最多的租金3万～4万元/月。他说村里有些年轻人从此不工作了，吃房租，游手好闲，甚至涉嫌嫖、赌、毒，不仅体质下降了，思想也被腐蚀了，他看着光焦急，也拿不出好办法。随着经济发展，这种状况恐怕还会增加。

（二）孩子劳动活动的发展

　　劳动有几种形式，自我服务劳动、家务劳动、公益劳动与生产劳动，对于孩子来说，家庭对孩子的劳动启蒙有着不可替代的关键作用。

　　最早的是自我服务劳动，从学着拿筷子吃饭，学习人类生活的模式开始，家长就应该注意培养孩子良好的生活习惯；到学龄期，他就应该逐步做到自己的事情自己做，如叠被铺床，整理书包，收拾自己的屋子，脏衣服放到洗衣机里等，还尽可能帮助家长进行家务劳动。自我服务劳动能使孩子从小形成自主、自立、自强、爱劳动的优良品德，培养生活的自理能力。

　　家务能充分培养孩子的责任感、孝敬心。如父母下班回来拿拖鞋，爷爷奶奶累了学着捶捶背（尽管力气不够），阿姨择菜时帮帮手，弟弟洗澡时拿肥皂搬小凳等，能做的事让他学着做。小军6岁时洗碗，一下就摔破了5只碗，爸爸没有批评他，而是帮他总结经验，因为他把大碗放在小碗上，重心歪了，还拿小本帮他记着，每只碗2元，5只碗就10元了，这是小军学洗碗交的学费。你花上百元让孩子上培训班都舍得钱，学劳动也要交学费的嘛。

最近有家长跟我说，生了二宝，下班后精力都要放在照顾二宝上，大宝"呷醋"了，说妈妈不爱她了，怎么办好呢？这其实很简单，你只要把大的变成你的小助手就可以了。例如二宝要睡觉，让大宝学唱摇篮曲："杨树叶子哇啦啦，弟弟睡觉要找妈，姐姐拍拍睡觉吧，老虎来了我打它。"表扬鼓励使她有了当姐姐的责任感、荣誉感和成就感。一次奶奶要带5岁的翔翔和一岁不到的妹妹到海边游玩，媳妇说，带两个娃搞得定吗？翔翔马上说，有我帮忙呢！在出游的整个过程中，翔翔一步也没有离开妹妹的小推车，剥橘子先喂妹妹吃，俨然是一个懂事的大哥哥，回家以后，他对爸爸说，今天奶奶和我带妹妹上街玩了，有一种"成人"的自豪感，全家都表扬了他。孩子再大一点，你花精力用心教好大宝，二宝不用教，他会跟着大宝学的。

公益劳动，如参加志愿者活动对孩子有更大的社会意义，例如替邻居老爷爷取报纸，扶隔壁奶奶下楼，在学校搞校园卫生，到养老院做好事，等等。马克思年轻时说过："如果一个人只为自己劳动，他也许能够成为著名学者、大哲人、卓越诗人，然而他永远不能成为完美无瑕的伟大人物。""为共同目标劳动因而自己变得高尚的人是伟大人物。"①也就是说，为别人劳动，为集体劳动，起教育作用的与其说是劳动本身，不如说是在劳动过程中所参加进去的那些集体的社会关系。最近，广东省教育厅发表了《关于实施初中学生综合素质评价的指导意见（试行）》，从思想品德、学业水平、身心健康、艺术素养和社会实践五个方面对学生进行评价。

至于生产劳动，孩子可以协助父母进行，农村的孩子在这方面做得更好。

总之，家庭处处都是孩子劳动的训练场。

我们还想说的一点是：劳动是一种神圣的工作，把劳动作为惩罚孩子的手段是错误的。例如有的家长，孩子犯了错误就罚他洗厕所，考试不及格就罚扫地，等等。

此外，有的家长采取"有偿"劳动的办法，还在报上介绍经验，如洗一次碗给一块钱，挑两桶水五角钱等。笔者非常反对这种做法，家务劳动是每个家庭成员的义务，也可以体现儿女对长辈的孝心，为了这个家，父母不但要工作挣钱，还要承担养儿育女、照顾老人的责任，多么辛劳！别把孩子引到钱眼中去。笔者在实验教学时，曾在小学高年级和初中生中开展过"我当一天家长"的活动，星期天让孩子在家里管一天家，这

---

① 马克思、恩格斯：《马克思恩格斯全集》第40卷，人民出版社，1982，第7页。

天的一日三餐、柴米油盐、清洁卫生等全由孩子操劳，虽然很累，但孩子因此深深体会到父母真是不容易，从此更自觉，更感恩。有一个孩子，刚好这天收到电话、水电费的派单，一看好几百元，他从此再不与同学"煲电话粥"了。[①]笔者年轻时在一所寄宿中学读书，学校有一个制度，高中生每天每个班派两个学生轮值，不上课（第二天自己想办法补课），代替工友上班，有的当门卫，有的到食堂帮厨，还有的负责清理厕所，打扫校园，当时我们学生的反应是"学校缩骨（抠门）只为减少雇用工人"，现在想来，是一种很好的劳动教育乃至品德教育，通过自己参加劳动，理解工友叔叔阿姨的工作不容易，学会珍惜劳动果实，还加强了对学校的责任感。据说现在有些学校也这样做，这也是学习，特别对现今很少参加体力劳动的孩子是很重要的一课。

劳动还会培养孩子艰苦奋斗的精神，知道幸福是要靠奋斗才获得的，有一个孩子好吃懒做，花钱大手大脚。有一天父亲对他说："你也不小了，去找一份工作吧，明天给我赚十元回来。"十元怎么赚呢？溺爱他的妈妈偷偷给了他十元。晚上当他把钱送到父亲面前时，父亲随手扔进了垃圾桶，然后说："明天你再去赚十元。"他没办法，只好又去求母亲要，父亲照样把钱扔了，又说："明天你再去赚十元。"这次他不敢再

---

① 龚浩然、黄秀兰：《班集体建设与学生的个性发展》，广东教育出版社，1999。

求母亲，于是第二天一早，他先去了加油站，看到来加油的脏兮兮的汽车，就给人家洗车，后来又替公司搬垃圾，一身大汗，累到晚上，好不容易才凑足了十元。回到家里，父亲再次把钱扔进垃圾桶。这次他焦急了，大声喊："爸爸你知道这十元，我是从早干到晚，一元一元地攒起来的，怎么能随便扔掉？"这时父亲笑了，说："孩子，我就等你这句话，只有付出劳动，才懂得珍惜，才知道幸福来之不易。"要知道，人生只有干出来的幸福、享受，没有坐等出来的辉煌。要想得到什么，就要踏踏实实地奋斗。这就是劳动创造世界最简单的原理。

七、游戏在儿童成长中的作用

游戏是什么？一般人的定义是：游戏是玩耍，游戏是小孩子的事，大人疯玩就叫玩物丧志。我们在本书的第二章已经列举了很多事例，为了不让孩子输在起跑线上，父母从孩子很小的时候就安排了各种各样的学习活动，把孩子累个半死。游戏真的没有意义吗？

（一）游戏是童年期的主导活动

不仅是人类，幼小的动物都喜欢做游戏，小狗追逐小皮球，小猫和自己的尾巴玩，当然这与人类的游戏有本质的不同，只能叫嬉戏，这是小动物的天性。维果茨基说，游戏从生物学的角度看是为生活做好准备，从心理学方面看，它是儿童创作的一种形式——儿童在游戏里创造性地改造现实。

　　人参与世界的共同活动有三种基本形式：游戏、学习与劳动。这几种活动常常交织在一起，不同年龄段有所侧重。对于幼儿来说，他的主导活动是游戏。特别是学龄前，游戏是合乎他年龄特点的一种活动形式。先说学龄前期，婴儿还没有真正意义上的游戏，例如他不断地掷皮球，把凳子拖来拖去，德国心理学家格罗斯称之为"感觉运动性的试验游戏"，维果茨基则称之为"准游戏"或"自我游戏"。

　　由于幼儿在发育过程中，肌肉能量的积累和活动的机体需要，游戏对他们具有重要的生物意义，醒着的时候，幼儿一刻也停不下来。另外，幼儿和成人交往的过程中不断产生模仿成人的社会需要、动机与愿望，他什么都好奇，都想学，但他们的经验与能力水平又无法满足。例如他看见爸爸骑着自行车上班，好有趣，但又学不来。幼儿的这种社会需要与满足需要的条件之间的矛盾导致了游戏的产生，也就是说，幼儿的社会需要是游戏产生的心理基础。

　　那怎么办呢？游戏的特点是它的象征性，孩子有办法。他们通过虚拟的情景再现成人的社会经验与人际关系，从而达到认识周围世界的目的。他们找到了代替物，例如竹竿成了马，绳子挂在脖子上就是听诊器，小枕头成了娃娃。所以说，游戏是人的社会活动的初级形式，是儿童对成人活动的再现，是幼儿文化发展（即高级心理机能的形成和发展）的基本途径。

因此，家长千万别轻视幼儿的游戏，认为它毫无价值，浪费时间，要去"学习班""补习班"才是正路。在维果茨基看来，"儿童的游戏具有很大的意义"，"是一个训练社会经验的场所"，"是儿童思维的第一所学校"。它的功能会引起儿童心理上的各种质变，例如培养了注意力、记忆力、想象力与思维能力等。

（二）儿童游戏与心理发展

游戏符合幼儿爱好，是他们的天性。今天恭逢盛世，家长都给子女最好的营养条件，使许多孩子都成了小"胖墩"（见本书第五章），因此特别需要释放幼儿机体内积聚的能量，同时发展儿童的兴趣与智力。

游戏具有群体性的特点，它对克服儿童性格的孤僻、发展幼儿的情绪很有必要，特别是对少子政策的纠正作用很重要，游戏通常是两个或两个以上的儿童参加活动。在游戏中儿童通过交往产生从众、暗示、模仿、舆论以及人际关系等社会心理现象，从而调节自己的行为，在群体的活动中儿童等于得到了"一面镜子"，不时地对照自己的一举一动。

为什么现在这么多孩子产生"自闭症"呢？解决这个问题最好的方法是家长和教师引导儿童参加同龄人群体，使他们通过活动获得群体的积极评价，从而带来心理的满足，使人人都能感受到群体的快乐。要知道，群体是儿童心理和行为最有效的调节器，是对幼儿重要的教育手段（我们在第三章已经讨论过）。

游戏具有角色性特点，因此它是对幼儿进行品德教育的重要手段。维果茨基认为，幼儿游戏是"首先教育的萌芽"。他指出："首先教育应该完全不被察觉地熔化在行为的一般方式之中。"[①]角色游戏使他们掌握了不同的体验。例如孩子在玩"过家家"的游戏时，哥哥成了爸爸，妹妹和小狗扮演女儿和猴子，奶奶变成了隔壁过来串门的大妈。大家一起玩机器人，根据游戏的身份，"爸爸"把唯一的一颗巧克力给了"女儿"，请隔壁大妈坐了首席，而平时，他总喊妹妹是"小屁孩"，他的变形金刚等玩具是不让妹妹摸的。在游戏过程中，儿童的行为是自己心甘情愿的，从中可以得到心理满足，并有利于培养他们的自觉性。

游戏具有规划性的特点，对幼儿纪律行为的发展具有重要的作用，游戏能培养幼儿从小遵守纪律的良好习惯。维果茨基说，"规则是游戏最本质的特征"。一切真正的游戏都是规则游戏。在游戏中，儿童亲自参加并自愿约定规则，这就使他自觉地遵守，违反规则就要受到大家的指责，这对儿童有很大的激励作用。

游戏对幼儿的智力发展具有不可代替的作用。维果茨基认为，游戏也和教学一样，创造着儿童的"最近发展区"，游戏

---

① 列·谢·维果茨基：《维果茨基全集》第6卷，龚浩然、许高渝、潘绍典、刘华山译，安徽教育出版社，2016年。

要高于儿童现在的智力水平，游戏能极大地激发孩子的潜能和创造力，对儿童的观察力、想象力、创造力都起很大的作用。

有一次我们组织5岁儿童做了一次搭积木竞赛，主题是"警察叔叔夜里不睡觉"。孩子们各自找来了积木，小汽车、机器人、小凳子等等。在搭建过程中，主试强调了"夜里"一词，结果有的小朋友抓住了事件的本质（夜里），既搭了警察站的高台，除马路警察指挥汽车外，还找来了"路灯""月亮"。有个孩子找了两个小人搅在一起打架，主试问这是什么，他说夜里警察叔叔抓了一个小偷，正在捆绑他呢！

我女儿小时候，她父亲很喜欢和她玩"说正反话"的游戏，例如爸爸说："假假真。"女儿说："真真假。"爸爸说："小白兔想吃大灰狼。"女儿说："大灰狼想吃小白兔。"爸爸说："一块肉吃了我。"女儿就说："我吃了一块肉。"爸爸又说："钢琴弹你。"女儿说："你弹钢琴。"如此等等，对孩子的反应能力、想象力、思维能力都有一定的作用。猜谜语也很有意思，小儿子学到了一则"谜语"，"千条线，万条线，下到水里却不见"，他认为很"难"，就让爸爸妈妈哥哥姐姐猜，大家也给他谜语猜，这些游戏对孩子的思维和想象力水平有更高的要求。

笔者不厌其烦地讲游戏的作用，是因为游戏对儿童太重要了。我看到新华社发的一篇文章《我们拿什么跟电竞抢孩子——一份关于电子竞技的调查报告》，很感慨，我不禁回忆起自己童年"跳房子""踢毽子"的经历，女孩们跳皮筋又唱又跳的情景。"吃晚饭了"，喊声刚停，被汗水画成"大花脸"，有时甚至是个"泥猴子"的两个儿子从门外"滚"了进来。"快洗脸洗手吃饭"，红扑扑的小脸健康可爱，不用催促，大口大口地吃，也不需要讲究什么菜，都那么香。不像现在的孩子，挑肥拣瘦，哄来哄去也吃不完半碗饭……我真不明白，为什么生活富了却养出弱孩子？孩子快乐的童年到哪里去了？

马克思在孩子小的时候，常常和孩子们一起玩耍，甚至趴在地上，让孩子当马骑，亲子关系非常融洽。年轻的家长们，放下手机，你就有时间为孩子创造各种游戏的机会，陪伴他们健康地成长。

笔者在指导中小学的实验教学时，有过一次很有意思的游戏活动。放完寒假后，有的孩子"心"还没有"收"回到学习中来，班主任就组织学生玩一次"一年之计在于春"的游戏。怎样玩呢？让学生们一起讨论，"忆春天"。后来决定星期天大家一起到郊外"找春天"。早春二月，草地开始变绿，小树萌发了尖尖的嫩芽，路边的雪都融化了，土地湿润，时过惊蛰，冬眠的小动物醒了，不时听到青蛙的鸣叫……同学们找到不少春天的景象，也玩得很开心。两周以后，阳春三月，孩子们又做了第二次游戏，一起到郊外"看春天"。这次收获更丰富了，柳条吐出新芽，迎风摇曳，一个同学在一间屋檐下发现了新的燕窝，还有一个小组看见农民伯伯在井旁打水浸稻谷种，就一起帮忙，人人都"满载而归"。"开一次班会吧"，同学们主动向班主任建议，主题就叫"夸春天"。大家都讲了自己的发现，并联系到一年之计在于春，我们应该怎样把握这个人生的春天呢！正好学校要举办墙报比赛，孩子们踊跃地写稿编墙报，有散文，有漫画，有与农民伯伯的合照，内容丰富多彩，图文并茂，居然获得初中组第一名。

是游戏？是旅行？是学习？是作文比赛？我看兼而有之，收获满满。

八、教会孩子阅读

书籍是全世界的营养品，是人类进步的阶梯。莎士比亚说，生活中没有书籍，就好像大地没有阳光；智慧中没有书籍，就好像鸟儿没有翅膀。培根有一段非常精辟的话："读史使人明智，读诗使人聪慧，数学使人精密，哲理使人深刻，道德使人高尚，逻辑修辞使人善辩。"

一个人想学有所成，一个重要的法宝就是读书，让学习成为习惯。从小培养孩子爱读书，读好书的习惯，是家教中一个重要的部分，学会读书，将使孩子终身受益。目前一个严重的问题是，手机占据了孩子大部分可以用来读书的时间。不可否认，手机里有不少可读的有益的内容，但也有不少不适宜孩子了解的东西，沉迷手机的问题我们在前文已经谈过了。

最近广州少年儿童图书馆发布了《2017年广州市未成年人阅读报告》，报告显示，广州市未成年人阅读率达97.5%，处于全国领先水平（全国0～17周岁阅读率为85.0%），去年人均图书阅读量为15.3册（全国人均8.34册），这是可喜的。可以说，一个人的阅读史，就是他的精神发展史。让孩子的知识更加丰富，智力更快发展，能力更加强大，其中最重要的条件之一就是阅读。古人云，读万卷书，行万里路，秀才不出门能知天下事，因此父母对孩子的阅读必须从娃娃抓起。

那么怎样培养孩子阅读，让孩子爱上读书呢？

犹太人非常重视孩子的阅读，据说他们有一个习惯，孩子两岁，妈妈就把一些蜂蜜滴在《圣经》上，让孩子去舔，告诉他书籍是甜的，多么有趣。

父母在孩子很小的时候（不到一岁）就可以给孩子读"枕边书"，让孩子"陶醉"在故事中安然入睡，稍大一点，可以给他看带图画的各种读物。现在出版业发达，有很多撕不破的小人书，有时间就给孩子讲书里的故事，认识各种事物，慢慢地，家长给他讲故事，也让他重复讲给大人听，引导他自己学着读书，鼓励他通过书籍获取知识。读书使他有成就感，家长也注意分享孩子的阅读成果，感受读书的乐趣。

俗语说：书香门第多才子。这是因为家里有一种读书的氛围，若家长不读书也不买书，下班后就打麻将，家长里短的小市民气氛，你叫孩子学什么呢？

好好教孩子吧！读书能让孩子形成良好的品格和健全的人格，能给他战胜困难的力量，让他能运用知识去分析问题和解决问题，学会独立思考，培养创造性。

有人说，音乐是有声的阅读。从小教孩子各种儿歌，儿歌语言精练、押韵，的确是孩子的教科书。音乐能使人高尚、优雅，陶冶人的性格。当然有条件能掌握一种或多种乐器固然更好，学会欣赏音乐，让孩子懂得美、欣赏美是家庭教养的一个重要方面。

九、让孩子成为一个有教养的人

写下这个题目，我不禁想起"四人帮"当年的反动叫嚣，批判"教养"是细节、是小德，说什么要大德，不要小德，说什么革命不是请客吃饭……不要那么文质彬彬，温良恭俭让，甚至连小学生进校时给教师行个礼，也要批判"师道尊严"，而打砸抢乃至杀人放火都是"革命"行动。种种谬论至今在部分老年和中年人中盛行，仍值得我们警惕。

一个人的教养，不只是个人问题，它体现这个社会的发展水平和民族自信程度，是一种真心实意的表现。

（一）什么是教养

教养是指一个人文化和品德的修养，它表现在人的行为方式中。

教养是社会影响、家庭教育、学校教育、个人修养的结果，尤其是家庭教育在一个人的教养中有着不可替代的作用，一个人在家庭中从小就要养成良好的行为规范，或者说就是细节，在细节中见精神。

善良、谦虚、责任心、待人接物等等都体现一个人的基本素养。一个人是否有教养，在以下三种情况中最能体现出来：

（1）在没有他人在场、没有人关注的情况下，能不能坚持自己良好的习惯，遵守公共秩序。古人云："君子慎独。"例如没有人看见就随便丢垃圾、随地大小便。有的工厂偷排废水，造成河流污染等。

（2）在你周围的所有人都做出缺乏教养的事情时你是否会从众。例如有一次一辆车翻了，人们都哄抢车上掉下来的橘子，但有几个人却帮助司机维持秩序、报警，劝说大家不要抢公家的东西，这反映了不同的人有不同的教养。

（3）当不得不做某件事情时，会不会考虑把对别人、对公众的负面影响降到最低。我们常见有些人在公交车上接电话，声音大到全车人都能听见，还有人明知公共场所不可喧哗，却旁若无人地大喊大叫，此类事例不胜枚举。

可以说，教养是一种付出、施予与克制，一个有教养的人，总是处处想到别人，关心、尊重、善待与礼让他人。

笔者在报上看到一篇短文《最好的介绍信》，说的是一位先生在报纸上登了一则广告，要雇一名勤杂工，在约50名应聘者中，他却挑中了一个既没有人推荐也没有介绍信的男孩。别人问他为什么，这位先生说：他在门口蹭掉脚下带的土，进门后随手关门，说明他做事仔细；当看到一位残疾老人时，立刻起身让座，表明他心地善良、体贴别人；进了办公室先脱帽，回答我提出的问题时干脆、果断，证明他既懂礼貌又有修养；其他人都从我故意放在地板上的那本书上迈过去，而这个男孩却俯身捡起来放回桌上；他衣着整洁，头发梳得整整齐齐，指甲修得干干净净。这些比什么介绍信都重要。

（二）教养其实就是细节，细节中见精神

笔者只想从自己感受到的几个例子谈谈父母对子女的教养。

一次一位老教授来看望我，带了两个孙子，一个6~7岁，另一个小一点。当我们谈话时，两个小孩上屋下屋跑，把家里的所有抽屉都翻个遍。没经主人允许，随便翻动别人的东西是没有教养的表现。

还有一次，一个老同事来了，他的女儿大概5岁，见了家里什么好玩的都要。有些是我心爱之物，给与不给，让人很尴尬。

大人也有没礼貌、缺乏教养的。一次我参加女儿请朋友吃饭的聚会，当上来一盘烧鸡时，有老人在场，所有人没动筷子，一个年轻的妈妈首先把一条鸡腿夹到自己儿子的碗里。8个人吃一只鸡，每人只夹到一块，孩子抢着吃，还说：烧鸡好吃，我才吃了三块。

有个小朋友只有4岁，是个小男孩，他父亲带他来我家玩，

我让他到房间把玩具拿出来，他喜欢小狗、小猫，就搬出来自己在沙发上玩，临走的时候，他主动把所有玩过的东西放回原处，还对奶奶说谢谢。给他东西吃，他先看着父亲，父亲点头了再拿，父亲说不，他就合着双手说谢谢而不接，这事使我印象很深刻，这位父亲很注重对儿子的教养。

（三）家长对儿女的教养举例

首先，以身作则是最重要的，孩子总是跟父母学样的。教育家马卡连柯说："不要以为只有你们在教训孩子、命令孩子的时候才是教育，你们在生活中的每时每刻，甚至你们不在场的时候也是教育。"还有一种流行的说法：一流的父母教会孩子思考，用好时间；二流的父母是教练；三流的父母是保姆。你愿意成为哪一流的父母呢？

然后我们再具体谈谈几个主要方面：

（1）遵守时间，承诺约定。应该从小培养孩子的时间观念，培养良好的生活习惯，例如早睡早起，晚上到时间就睡，不看电视，早上不赖床，上课不迟到。有些人约会迟到还大摇大摆地进来也不道歉，有的女孩子约会故意迟到还说是考验男朋友的"耐心"。答应别人的事就应说到做到，有的人什么事都答应别人，过后一概忘却，让人空等，又如借人家的钱，答应了按时归还就应做到。

（2）餐桌文明。这点我国人应该特别注意。先说在家日常用餐，教育孩子吃饭时要有规矩，长辈未上桌不可抢先吃，拿筷子的样子要学对，不可翻着乱挑，只夹靠近自己的菜，不能"飞象过河"翻到别人那边，爱吃的菜也不能自己一个人"霸"着吃光，口中含着饭食不能大声说笑以至喷饭，吃食时不能发出"吧嗒"之声，这是很没礼貌的。

有不少成年人在这方面不注意，例如几杯酒下肚就胡言乱语甚至说很不文明的话，劝酒猜拳时大声吼叫，闹得整个餐厅都不安宁，剩饭剩菜杯盘狼藉等。

（3）与人交往的礼仪。首先外出时要仪容庄重，保持微笑，情绪安详，衣履整齐，不可邋遢随便，要给别人一种容光焕发的愉悦感，自己也自信满满的。与人见面、握手问候，神情专注，使人感觉你有诚意，愿意亲近，然后才能谈正事。有个小姑娘长得很漂亮，人见人爱，但一开口就粗口烂舌，一点家教也没有，这都是爹妈惯坏的。

（4）与人交谈或开会时多听人说话，不要随便打断别人，不要心不在焉，东张西望，表现不耐烦，自己说话时简明扼要，讲清中心思想，不要"高山流水"，只有你说，不让人说等等。

（5）对于为你服务的人，一定要说谢谢，请求人帮助时，一定要说"请"。很多家长不教，孩子常用命令式的口吻使唤保姆，有的孩子连对父母也是吆喝着为他做事，一点礼貌也没有。

（6）不要拿别人的缺陷（特别是生理缺陷）取笑。取笑他人，不是调皮，而是缺德。例如我们常见有人给有缺陷的同学起"绰号"，什么"三脚猫""崩嘴兔""猪头唛"等等，还学着他们走路的样子，使人很尴尬。

（7）一些生活小节也反映一个人的教养。不可在别人面前挖鼻子、掏耳朵、剔牙、剪指甲，更不可坐下来把鞋袜脱掉，用手指去抓脚丫子。在大庭广众下放屁更显得没礼貌，你可能会说有时控制不了，其实只要你感觉要放屁了，赶紧做一个深呼吸，屁就不出来了。如此等等似乎是小事，却反映了一个人的教养水平。教养就是表现在这些细节上。

我不想再啰唆更多，总之，诚实、善良、感恩、自信、奋斗、健康、快乐是我们教孩子的目标，特别是情绪稳定，是一个重要的教养。

笔者指导过一个实验班，初中一年级某班主任每个月都组织一次过生日活动，把当月生日的孩子家长也请来，由家长共同出资购买蛋糕，利用下午或晚上举行班会活动，主题是"感恩和希望"：一是说明我生日，世界上多了一个有用之才，是应该庆贺的；二是感恩这个时代、感恩国家、感恩师长、感恩父母；三是我长大一岁了，应该在家庭、学校、社会中负更大的责任。会上首先由生日的同学发言，例如有个同学说，我姓周名"书华"，是爸爸要我继承周总理的遗志，为"中华崛起而读书"，以后我要更努力学习。另一女同学接着说，我妈妈也是这样想的，把我起名超颖。还有一些生日的同学，有从名字说起的，有从自己成长过程中爸爸妈妈的辛劳说起的，励志，充满正能量。有一个家长的发言获得最多的掌声，她说，

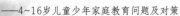

托起明天的太阳
——4~16岁儿童少年家庭教育问题及对策

十年树木，百年树人，花有早开的，也有迟开的，各种植物不同，各个孩子的情况也不一样。用心浇灌，好花自然会开，只要你精彩，蝴蝶自来。我们的目标就是教会孩子"学会学习、学会生活、学会做人"，培养孩子健康的精神生活，做一个善良的、健康的、快乐的、对社会有所作为的人，这就是我的中国梦。

十、家庭心理气氛的教育作用

心理气氛，又称心理氛围，这是大家经常用到的一个名词。心理气氛是制约和形成人们在群体中相互关系的社会心理环境，是群体成员在直接接触中所形成的具有不同特点的群体心理体验，或者可以说，心理气氛是一个群体中占优势的那种比较稳定的情绪状态。

人的社会化和个性化最重要的是他所处的微观社会环境。俄罗斯心理学家彼得罗夫斯基指出，"人的个性发展，是人进入新的社会环境，并为之融为一体的过程"。

我们在这里，只谈谈家庭的心理气氛。家庭是一个最早也最重要的微观社会环境，我们在前面已经说过，家庭是凝聚力最强的群体，是社会的细胞。"家"使人有归属感、支持感、温暖感，是人最重要的精神纽带，什么样的家庭心理气氛或者家风就培养出什么样的人。我们在中央电视台四台的一个节目中看到了朱和平（朱德总司令的孙子）谈他们家的家风——

188

"立德树人、勤俭持家",非常感人。

家庭心理气氛是由这个家庭的价值观决定的,大的分类可以有亲社会的、背社会的甚至反社会的,有民主和睦的,也有专制的,还有钩心斗角的,它对人的个性形成起着不同的作用。

良好的家庭心理气氛应该是,老人受到尊敬,孩子得到关怀,人际关系融洽。在这样的气氛中,孩子的智力和情绪都得到发展,是良好个性发展的摇篮。上面我们提到的九个方面的家庭教育,都要在良好的家庭气氛中才能顺利地得以进行,具体内容就不再重复了。

制约家庭心理气氛的主要因素是家长的道德修养,也就是精神面貌,能够吸引人的是你的知识、内涵。你要孩子成为什么样的人,首先你自己要成为什么样的人,这是比什么都强大的教育力量。如果你下班后只会喝酒抽烟打麻将,或者三姑六婆聊八卦,家长里短的,充满小市民习气,你叫孩子学什么?

家庭传统是一种重要的教育力量。上代人的知识水平、职业、兴趣爱好、道德品质、生活作风、生活方式、传统习惯、处世态度等都影响着下一代,特别是在职业、兴趣爱好方面,形成了许多"书香门第"、"梨园世家"、"祖传名医"、艺术之家以及工艺制作(如泥人张)等家庭。我们上面说过的"书香门第出才子",指的就是家庭的心理气氛在起作用。